Schorsch Binder
Die Schumis

EUROPA
VERLAG

SCHORSCH BINDER

DIE SCHUMIS

BRUDERKAMPF IN DER FORMEL 1

Europa Verlag
Hamburg · Wien

Die Deutsche Bibliothek - CIP-Einheitsaufnahme

Ein Titelsatz für diese Publikation ist bei
Der Deutschen Bibliothek erhältlich.

Erstausgabe

Lektorat: Katrin Seele
Umschlaggestaltung: Kathrin Steigerwald, Hamburg
Fotos: dpa
Satz: Simon | Spiegel | Zimmermann, Hamburg
Druck und Bindung: Wiener Verlag, Himberg bei Wien
ISBN 3-203-75542-4

Informationen über unser Programm erhalten Sie beim
Europa Verlag, Neuer Wall 10, 20354 Hamburg
oder unter www.europaverlag.de

Inhalt

Vor dem Start

Sie sind die Überflieger der Königsklasse des Motorsports. Michael, der ältere der Gebrüder Schumacher, hat sich mit vier Weltmeistertiteln längst einen festen Platz in den Geschichtsbüchern gesichert und gilt spätestens seit dem tragischen Tod des legendären Ayrton Senna 1994 unbestritten als der beste Rennfahrer der Welt. Und auch der sechseinhalb Jahre jüngere Ralf ist auf dem besten Wege, schon bald seinen Fuß auf den Formel-1-Olymp zu setzen. An der Möglichkeit, dass »Schumi II« in naher Zukunft seinen großen Bruder überflügeln könnte, zweifelt heute kaum einer. Zumindest so viel scheint jetzt schon festzustehen: Die Saison 2002 macht »Familie Vollgas« unter sich aus. Sie sitzen nicht nur in den schnellsten Boliden – »Don Michèle« im feuerroten Ferrari, »Rolex-Ralle« im weiß-blauen BMW-Williams, sie verfügen offenbar auch über das meiste Talent, den größten Ehrgeiz und den ultimativen Instinkt, wenn es darum geht, die flotten Flitzer so schnell wie möglich über den Parcours zu jagen.

Doch wie kam es eigentlich zum kometenhaften Aufstieg der Brüder, die aus einfachen Verhältnissen stammen und nicht wie die meisten ihrer Berufskollegen auf ein reiches Elternhaus zurückgreifen konnten, das die Finanzierung des extrem kostspieligen Hobbys Motorsport sicherstellte. Abgesehen davon, dass Vater Rolf Schumacher neben seinem Beruf als Maurer leidenschaftlich gern an Karts herumbastelte und Michael eine Ausbildung zum Kfz-Mechaniker absolvierte, gibt es keinerlei Indizien, die auf zwei beispiellose Rennfahrerkarrieren hingewiesen hätten. Ausschlaggebend war sicherlich der Umstand, dass sich beide bereits als Dreikäsehochs auf der Kartbahn genauso wohl fühlten wie die meisten Altersgenossen auf Mamas Arm. Doch das ist nicht alles. Äußerst begünstigend wirkten auch einige andere glückliche Zufälle, die den Aufstieg des Michael Schumacher in den Formel-1-Zirkus ermöglichten und somit auch Ralf den Weg geebnet haben. An dieser Stelle seien nur die drei Namen Jürgen Dilk, Willy Bergmeister und Willi Weber genannt. Jeder von ihnen trat im denkbar günstigsten Moment auf den Plan, immer dann, wenn einmal mehr das Geld auszugehen drohte. Das hat auch Michael, inzwischen einer der höchstdotierten Sportler auf dem Erdball, bis heute nicht vergessen: »Ohne die Hilfe dieser Männer wäre ich nicht dort, wo ich jetzt bin.« Ganz uneigennützig war die Hilfestellung der Mentoren und Förderer indes nicht; zumindest Willi Weber ist dank Michael und Ralf ein reicher Mann geworden. Der gewiefte ehemalige Diskothekenbetreiber ist jeweils mit 20 Prozent an den Einnahmen der »Schumis« beteiligt. Das sind keine Peanuts, wenn man bedenkt, dass allein Michaels Jahreseinkommen auf rund 50 Millionen Euro beziffert wird.

Der Rubel rollt also, und wie es aussieht, wird sich daran auch in den nächsten Jahren wenig ändern. Doch in diesem Buch soll es weniger um den schnöden Mammon gehen, vielmehr hat mich von Anfang an interessiert, wie die schnellsten Brüder der Formel-1-Geschichte den langen Weg aus dem beschaulichen Hürth in die große weite Welt – von Adelaide bis Zeltweg – beschritten und wie sich ihr Verhältnis zueinander entwickelt hat. Das herauszuarbeiten war Motivation genug, dieses Buch zu schreiben.

Hürth-Hermülheim – Die Heimat der Schumis

Die Formel 1 ist ein heißes Pflaster. Der Geruch von Benzin, Gummi und viel Geld liegt in der Luft, und manchmal auch der kalte Hauch des Todes. Das PS-Spektakel lockt weltweit Hunderttausende an die Rennpisten und fasziniert seine Fans durch rasante Action, lautes Motorengebrüll und nicht zuletzt die Gefahr, die stets mitfährt. Die Formel 1 ist das Tollhaus des Sports, ein Zirkus mit Clowns und Alleinunterhaltern, eine schrille Show mit Champagner und Boxenludern.

In diesem internationalen Metier sind auch zwei Brüder aus dem beschaulichen Rheinland zu Hause. Der eine, Michael Schumacher, hat den Olymp des Rennsports schon viermal erklommen. Von seinen Fans vergöttert, von seinen Neidern gehasst, gilt er gemeinhin als bester Rennfahrer der Welt. Der andere, Ralf Schumacher, hat sich auf den weiten Weg gemacht, seinen großen Bruder einzuholen. Seit er 1997 den Sprung in die Königsklasse des Motorsports schaffte, sind die Augen der Welt auf den Bruderkampf der Formel 1 gerichtet. Und dass »Schumi II« in seinem Williams-BMW verdammt schnell unterwegs ist, hat er in der vergangenen Saison hinreichend unter Beweis gestellt. Viermal rauschte Ralf vor seinem Bruder an der schwarz-weiß karierten Zielflagge vorbei, dreimal landete er ganz oben auf dem Treppchen. In den 17 Grand-Prix-Rennen der abgelaufenen Saison tauchte der Nachname Schumacher zwölfmal als Sieger in der Statistik auf. Das deutsch-deutsche Duell ist in vollem Gange, und vieles spricht dafür, dass »Familie Vollgas« den Titelkampf in diesem Jahr erstmals unter sich ausmacht. Die Nation fiebert mit: Kann der kleine seinen großen Bruder sportlich überflügeln? Wird er sich Michaels Mega-Einkommen von rund 50 Millionen Euro annähern?

Wer entscheidet den Bruderkampf 2002 für sich? Die Antworten auf diese Fragen liegen in der Zukunft, die Wurzeln beider Karrieren in der Vergangenheit. Wie kam es zu diesen einzigartigen Lebensläufen, wie verlief der Weg aus einem ruhigen Kölner Vorort in die glitzernde Welt der Schönen und Reichen? Wer sind die Brüder eigentlich?

Michael Schumacher ist zunächst einmal keine besonders auffällige Erscheinung, ganz im Gegenteil. Er ist 174 Zentimeter groß und 68 Kilogramm schwer. Er sieht aus wie tausende andere deutsche Durchschnittsgesichter auch, wenn man mal von seinem erstaunlich ausgeprägten Kinn absieht. Auch sein Verhalten lässt auf keine besonderen Vorkommnisse schließen. Er ist ein ruhiger, besonnener Mensch, ein vollkommen unscheinbarer Typ.

Sein kleiner Bruder Ralf ist ähnlich. Etwas kräftiger in der Statur, etwas extrovertierter in der Art, aber ganz und gar niemand, den man aus einem Pulk von Menschen herauspicken würde, weil er eine spezielle Ausstrahlung hätte. Nein, die Brüder Schumacher sind, abgesehen von einem exotischen Beruf, den sie nahezu perfekt ausüben, eher kleinbürgerlich.

Ebenso »normal« wie ihr Auftreten ist ihre Herkunft. Geboren wurden beide, Michael am 3. Januar 1969, Ralf am 30. Juni 1975, in Hürth, zehn Kilometer von Köln entfernt. Das Städtchen zählt heute etwas mehr als 50 000 Einwohner, von denen die meisten nicht besonders wohlhabend, aber auch nicht sonderlich arm sind. Der Stadtrat setzt sich aus 21 Christdemokraten, 18 Sozialdemokraten, drei Grünen und zwei Liberalen zusammen, der Bürgermeister ist SPD-Mitglied.

Hürths Regierende sind stolz auf 17 Schulen, 25 Kindergärten, ein Krankenhaus, drei Altenheime, 70 Spielplätze, 14 Bolzplätze, ein Jugendzentrum und einen Kulturtreff. Die Stadtrechte wurden dem beschaulichen Ort 1978 verliehen. Erstmals urkundlich erwähnt wurde Hürth im Jahr 898.

Die Eltern – Das familiäre Umfeld

Als Michael Schumacher am 3. Januar 1969 seinen ersten Schrei tut, ahnt kein Mensch, welch eine Bilderbuchkarriere der Junge einmal machen wird. Seine Eltern Rolf und Elisabeth sind einfach nur glücklich und stolz auf ihren properen Stammhalter. Der kleine Michael ist gesund und entwickelt sich prächtig. Er ist vielseitig interessiert, ein aufmerksames und neugieriges, wenn auch ruhiges Kind. Michael findet Freunde in der Nachbarschaft, fängt an Fußball zu spielen und heckt erste Streiche aus; kurzum: Er ist ein ganz normaler Junge.

Aber schon früh deutete sich an, dass Michael Schumacher vor allem eines ist: selbstständig. Sein Vater Rolf schwärmt noch heute von der Zielstrebigkeit seines Ältesten, der morgens ohne zu nörgeln aufstand, sich zum Frühstück selbst seine Brote schmierte und anschließend in die Schule fuhr. Sogar seine Hemden wusch Michael bald selber. Was der Junge anpackte, machte er richtig und mit der entsprechenden Disziplin. »Er war der selbstständigste Junge, den ich jemals kennen gelernt habe«, erinnert sich sein Vater. Schnell war zu erkennen, dass der kleine Michael zu einem waschechten Perfektionisten heranwuchs. Er hatte früh gelernt, allein klarzukommen. Die Eltern waren berufstätig, und seinen Tagesablauf hatte der aufgeweckte Bursche selbst zu organisieren. Michael interessierte sich vor allem für Sport. Zunächst spielte er Fußball, dann lernte er Judo und später trainierte er Thaiboxen. Egal welche Sportart er sich vornahm, immer tat er es mit Disziplin, Ehrgeiz und dem Ziel, einen gewissen Grad der Perfektion zu erreichen. Der Schumacher-Spross verspürte stets einen großen Drang nach Bewegung – und bald auch nach Geschwindigkeit.

Rolf Schumacher: Maurer und Kartbesessener

Während Michael größer und kräftiger wurde, verdiente sein Vater den Lebensunterhalt für die Familie als Maurer. Rolf Schumacher verfügte über ein ausgeprägtes handwerkliches Geschick und war ein Tüftler im positiven Sinne. Es gab kaum eine Reparatur im Haus, die er sich nicht selbst vorgenommen hätte. Das war nicht nur praktisch, sondern schonte auch die Haushaltskasse der Schumachers, in der meistens Ebbe herrschte. Rückblickend lässt sich heute sagen, dass es der »Basteldrang« des Vaters war, der Michael später das Kartfahren ermöglichte.

Michaels Talent, sich auf allem, was irgendwie fahrbar erschien, schnell fortzubewegen, trat sehr früh zutage. Bereits im Alter von vier Jahren hängte der Dreikäsehoch mit seinem Kett-Car alle Altersgenossen auf dem Gehweg ab. Obwohl der kleine Tretauto-Pilot des Öfteren mit Laternenpfählen, Gartenzäunen und anderen Hindernissen kollidierte, verlangte er nach immer mehr Geschwindigkeit und wurde in dieser Sache auch von seinem Vater unterstützt. Rolf Schumacher hatte Spaß daran, seinem Sohn beim Spaßhaben zuzuschauen. Also machte sich der Vater daran, einen ausgedienten Mofa-Motor in das Tretauto seines Sohnes einzubauen. Erste Testfahrten fanden auf einer Wiese und auf dem Bürgersteig statt. Zu dieser Zeit – im Jahre 1973 – feierte Jackie Stewart seinen dritten Weltmeistertitel in der Formel 1 und zog sich kurz darauf tief getroffen aus dem Circuit zurück, nachdem sein Teamkollege Francois Cevert in Watkins Glen tödlich verunglückt war. Von alledem bekam der Weltmeister in spe nichts mit.

Als Michael eines Tages mit dem motorisierten Kart durch die Straßen düste, drehte er sich kurz um und winkte voller Begeisterung seinem stolzen Vater zu, der das Unheil bereits ahnte: Als der Kleine seinen Blick wieder in Fahrtrichtung lenkte, sah er einen Laternenmast direkt auf sich zukommen. Für ein Ausweichmanöver war es zu spät, und so kollidierte der kleine Flitzer mit dem massiven Hindernis. Obwohl der Unfall glimpflich ausging, musste Vater Rolf, ein ebenso ruhiger wie besonnener Mann, einsehen, dass solche Unterfangen für einen Vierjährigen zu gefährlich sind – zumindest in freier Wildbahn. Besorgt um seinen Sohn fällte er eine aus heutiger Sicht historische Entscheidung und meldete den kleinen Michael im Stadtteil Horrem beim Club auf der alten »Graf-Berghe-von-Trips-Go-Kart-Bahn« an.

Was Rolf Schumacher damals nicht im Traum gedacht hätte: Diese Entscheidung legte den Grundstein für eine bis heute einzigartige Motorsport-Karriere.

Schon bald berichtete die Lokalpresse über den kleinen Jungen mit der »Vollgasmentalität«. Bereits im darauffolgenden Jahr bekam der Fünfjährige sein erstes Wettbewerbsfahrzeug. »Das billigste Go-Kart, das jemals gebaut wurde«, erinnert sich Michael Schumacher noch heute an seine ersten Fahrversuche. Wie ein echtes Team arbeiten Vater und Sohn schon damals zusammen. Rolf fungiert als Chefmechaniker und taktischer Berater und Michael fährt so schnell er kann, beziehungsweise so schnell es die veraltete Technik erlaubt.

Ein Jugendfreund erinnert sich an die damalige Zeit: »Außerhalb der Kartbahn war Michael ein ganz normaler, eher zurückhaltender Junge, aber sobald er im Kart saß, kämpfte er verbissen um jeden Zentimeter.«

Bei Familie Schumacher war Improvisation angesagt. Es fehlte schlichtweg am nötigen Kleingeld, um auf konkurrenzfähiges Material zurückgreifen zu können. Rolf Schumacher machte diesen Nachteil aber insofern wett, als dass er dank seines handwerklichen Geschicks trotzdem immer in der Lage war, seinem Sohn ein Renn-Kart zur Verfügung zu stellen.

Not macht erfinderisch. Was von anderen Fahrern achtlos weggeworfen wurde, kam den Schumachers gerade recht. Einzelteile wurden repariert, aufgearbeitet und in stundenlanger Kleinarbeit zusammengefügt. Rolf Schumacher bediente sich dabei jener Teile, die von der Konkurrenz für schrottreif gehalten wurden. Einmal beobachtete der kleine Schumacher einen Kartfahrer, der fast neuwertige Reifen, die er vor kurzem erst gekauft hatte, in eine Mülltonne warf. Schon am nächsten Tag drehte Michael mit diesen Pneus seine Runden. Der aufgeweckte Junge war inzwischen fast sechs Jahre alt. Seine Beine waren für ein normales Rennchassis allerdings noch zu kurz. So schnitt der Vater einfach ein Stück heraus, schweißte die Einzelteile wieder zusammen und baute einen 100-ccm-Motor darunter. Rolf und Michael waren vom Ergebnis gleichsam begeistert, denn der Eigenbau »marschierte« prima und Michael fuhr seine ersten Siege ein. Bereits im zarten Alter von sechs Jahren gewann Michael Schumacher seine erste Club-Meisterschaft – alles lief nach Plan.

Angesichts dieser Erfolge sah sich Rolf Schumacher in seinen Bemühungen bestätigt, alles dafür zu tun, dass sein Sohn Michael auch weiterhin seinem Hobby, dem Kartfahren, nachgehen konnte. Die Entwicklung schien sich auf die denkbar angenehmste Art zu verselbstständigen: Die Kartsportaktivitäten machten Vater wie Sohn großen Spaß, durch ihre Teamarbeit verbrachten sie viel Zeit miteinander und wurden außerdem mit zahlreichen Siegen belohnt.

Besonderer Anreiz war stets, der besser ausgestatteten Konkurrenz ein Schnippchen zu schlagen, was auch häufig genug gelang. Fairerweise muss man allerdings an dieser Stelle sagen, dass es nicht nur die kreativen Basteleien und Michaels Fahrkünste waren, die ihn so früh so schnell machten; es gab einen weiteren entscheidenden Vorteil: Der kleine »Schumi« war wesentlich jünger und damit deutlich leichter als seine Konkurrenten auf der Kartbahn.

Ein Bild von 1993: Michael und Ralf mit ihrem Vater Rolf

Die Kartbahn in Kerpen

Der Grundstein für die steilen Karrieren der Schumi-Brüder wurde bereits vor über 40 Jahren gelegt, zu einer Zeit, als die Eltern, Rolf und Elisabeth, gerade mal dem Teenager-Alter entwachsen waren. Damals wurde ein gewisser Wolfgang Graf Berghe von Trips während eines USA-Aufenthalts auf Go-Karts aufmerksam. Und der Reichsgraf, seines Zeichens erfolgreicher Formel-1-Pilot, war von den kleinen Flitzern überaus angetan. Also importierte der wohlhabende Adlige die ersten Karts nach Deutschland. Kurze Zeit später wurde auf seine Initiative in Kerpen eine Rennstrecke gebaut. Zu ihrer feierlichen Einweihung war Graf Berghe von Trips aber bereits tot. Dennoch: Ohne den Bau dieser Kartbahn in unmittelbarer Nachbarschaft der Schumachers hätte es aller Wahrscheinlichkeit nach nie die Formel-1-Piloten Michael und Ralf Schumacher gegeben.

Als die Wohnhäuser des expandierenden Stadtteils Horrem Mitte der 70er-Jahre immer näher an die Kartbahn heranrückten, wurden vermehrt Stimmen gegen die Lärmbelästigung laut. Der Druck von Seiten der Anwohner wurde immer größer, und schon bald stand fest, dass die Rennaktivitäten weichen mussten. Es dauerte jedoch nicht lange, bis ein geeignetes Grundstück in der Nähe von Kerpen-Mannheim direkt neben der Autobahn gefunden wurde. Hier entstand das »Erftland-Motodrom«, das in den folgenden Jahren eine zweite Heimat für Vater und Sohn wurde. Neben der eigentlichen Rennstrecke wurde ein Kurs für Anfänger aller Altersklassen angelegt, die dort auf geliehenen Karts ihre ersten Runden drehen konnten.

Daraus machte Rolf Schumacher sein zweites Standbein. Er übernahm Wartung, Instandsetzung und Kart-Verleih, und auch Mutter Elisabeth ließ sich beruflich auf dem Gelände der Kart-Bahn nieder. Sie führte den Imbiss an der Rennstrecke, der später zu einer echten Gaststätte expandierte. Noch bis 1992 hielt Mutter Schumacher die Kart-Bahn-Besucher mit Currywurst und Pommes rot-weiß bei Laune. Und weil es bei Muttern ja bekanntlich am besten schmeckt, kehrte auch der heranwachsende Ralf Schumacher immer häufiger im Imbiss ein. Seine Vorliebe für fettiges Fastfood führte dazu, dass sein Körper in die Breite ging und drohte, nicht mehr ins Kart zu passen, was ihn beinahe die Karriere gekostet hätte. Doch dazu später mehr.

Die komplette Familie verbrachte ihre Zeit nun hauptsächlich an und auf der Rennstrecke. Das hatte den Vorteil, dass zumindest ein Elternteil ständig ein wach-

Elisabeth Schumacher mit Teddys im Fan-Shop

sames Auge auf den kleinen Überflieger Michael werfen konnte, der bereits mit beachtlichen Rundenzeiten die ältere Konkurrenz düpierte.

Vater Schumacher hatte mit seinem Kart-Verleih eine neue Einnahmequelle aufgetan, die nebenbei weitere entscheidende Vorteile zu bieten hatte. Zum einen konnte er die Werkstatt und die Geräte des Clubs nutzen, um professionell an den Karts seines Sohnes herumzuschrauben. Zum anderen hatte Michael genügend Zeit, auf der Rennstrecke zu trainieren, ohne dass die Bahnmiete das Budget der Familie gesprengt hätte.

Diese Umstände führten dazu, dass »Schumi« immer schneller wurde. Doch die sich häufenden Siege brachten der Familie nicht nur Anerkennung, sondern auch Neider. Die frustrierten Kontrahenten witterten ihre einzige Chance darin, ihr Equipment ständig aufzurüsten. Welcher 14-Jährige lässt sich schon gern von einem sechsjährigen Steppke überholen? So wurden die Motoren der anderen immer leistungsstärker, die Chassis immer leichter. Um da mitzuhalten braucht man Geld, und das hatte Familie Schumacher damals noch nicht. Weil auf der Kartbahn in den Wintermonaten nichts los und deshalb auch kein Geld zu verdienen war, nutzte Rolf Schumacher diese Zeit, um seinem eigentlichen Beruf als Maurer nachzugehen. So kam die Familie mehr schlecht als recht über die Runden.

Sowohl der Vater als auch der Sohn haben die Zeiten nicht vergessen, in denen es schlicht unmöglich war, ein paar Hundert Euro für einen neuen Motor aufzutreiben. Die Situation schien ausweglos. Rolf Schumacher hatte zwar längst das außergewöhnliche Talent seines Sohnes erkannt, doch ohne wettbewerbsfähiges Material auf dem neuesten Stand der Technik würde man auf Dauer nicht mit der Konkurrenz mithalten können. Um den Anschluss nicht zu verpassen, gab es nur eine einzige Lösung, und die Zeit drängte: Sponsoren mussten gefunden werden.

Inzwischen hatte sich »Familie Vollgas« vergrößert. Der kleine Ralf erblickte am 30. Juni 1975 das Licht der Welt. Sein großer Bruder war zu diesem Zeitpunkt bereits sechseinhalb Jahre alt und auf dem »Erftland-Motodrom« längst kein Unbekannter mehr. Doch so groß die Freude im Hause Schumacher über die Geburt des zweiten Sohnes auch war, die finanzielle Situation wurde dadurch nicht besser. Doch wie aus dem Nichts tauchte ein Silberstreif am Horizont auf. Einmal mehr sollte es das Schicksal gut meinen mit Familie Schumacher aus Hürth-Hermülheim.

Das Geld wird knapp – Die Förderer treten auf den Plan

Die Lösung des Problems hatte einen Namen: Jürgen Dilk. Der Mann kam wie gerufen. 1979 war die finanzielle Situation der Familie so kritisch geworden, dass Rolf und Elisabeth in Erwägung ziehen mussten, mit dem Kartsport Schluss zu machen. Michael war zu diesem Zeitpunkt zehn, Ralf vier Jahre alt. Dilk verdiente als Automatenaufsteller gutes Geld. Selbst Vater zweier Söhne, von denen einer im Kartsport aktiv war – allerdings bei weitem nicht so erfolgreich wie Michael Schumacher – wurde Jürgen Dilk Michaels guter Freund, eine Art zweiter Vater. Was für Michaels weitere Karriere aber viel entscheidender war: Jürgen Dilk finanzierte die Kartsport-Aktivitäten des älteren Schumacher-Bruders.

Rückblickend ist es erstaunlich, wie viele glückliche Umstände den Brüdern Michael und Ralf immer wieder aus brenzligen Situationen halfen.

Nach Jürgen Dilk kam zunächst Willy Bergmeister, der ebenfalls als Freund und Förderer auftrat und Michaels Karriere erneut entscheidend pushte.

Und noch ein weiterer Name ist mit dem Unternehmen Schumacher seit zehn Jahren sehr eng verbunden: Der gelernte Hotelkaufmann und ehemalige Diskothekenbesitzer Willi Weber ist heute praktisch Teilhaber der »Firma« und als solcher – so wird gemunkelt – mit jeweils 20 Prozent an den Einnahmen der Brüder beteiligt. Wenn man bedenkt, dass allein Michael Schumachers Jahreseinkommen auf rund 50 Millionen Euro beziffert wird, ist klar, dass auch der Manager ein reicher Mann geworden ist. Weber kann sich über einen Mangel an Neidern nicht beklagen und hat sich längst an den Spitznamen »Willi Wichtig« gewöhnt. Vorwürfe, er sei ein »Absahner«, kontert der findige Geschäftsmann gelassen: »Ein jeder hätte an der Lotterie Schumacher teilnehmen können, aber nur ich habe ein Los gekauft.« Damit hat er zweifellos Recht. Der Mann kennt sich aus im Business, und eines muss man ihm ohnehin lassen: Willi Weber war zur richtigen Zeit am richtigen Ort und hatte vor allem den richtigen Riecher. »Ich habe sofort gemerkt, dass der liebe Gott Michael zum Rennfahren geschaffen hat.« Aus diesem Grund kann er es sich heute auch leisten, ein ebenso entspanntes wie lapidares Fazit zu ziehen: »Niemand wurde gezwungen, nur einen Pfennig an Michael zu zahlen. Kein Fan kommt ins Gefängnis, wenn er ohne Schumacher-Mütze an der Renn-

Zwei, die zusammengehören: Michael Schumacher spiegelt sich in der Sonnenbrille seines Managers Willi Weber.

strecke angetroffen wird. Diese Dinge regelt allein der Markt.« Und dessen Bruder Ralf nennt Weber auch schon mal »meine Rente«.

Bei aller Missgunst, die dem Manager von vielen Seiten entgegenweht, sollte man eines nicht vergessen: Willi Weber hat nicht nur genommen, sondern auch gegeben. Er ist das Risiko eingegangen, voll auf den damaligen Formel-3-Fahrer Michael Schumacher zu setzen und ihn zu finanzieren. Heute erntet er die saftigen Früchte seines damaligen Engagements. Das Leben des Managers der Schumacher-Brüder ist ein ständiges Sichkümmern. Besonders das alljährliche Wochenende in Monte Carlo ist für den umtriebigen Geschäftsmann ein Gräuel. »Ich hasse Monte Carlo, das ist der schlimmste Grand Prix der gesamten Saison«, so Weber. Enge, Termine und Hektik bestimmen dort die Stunden. Außerdem darf es seinen Jungs an nichts fehlen und erst recht nicht den Sponsoren.

Andererseits gibt Weber offen zu, den Stress zu brauchen wie andere die Luft zum Atmen. Er bezeichnet sich selbst als adrenalinsüchtig: »Ohne Hektik fühle ich mich halbtot und ganz schlecht.« Deshalb sind ihm auch die Monate zwischen Saisonende und Saisonanfang eine ungeliebte Zeit, in der er einzurosten droht. So sucht er dann nach Ausgleichsbeschäftigungen, die ihm über die Rennpause hinweghelfen. 1998 pachtete er beispielsweise den Stuttgarter Fernsehturm, in dem im Jahr darauf drei Gastronomiebetriebe eröffnet wurden.

Diverse Firmenschilder vor Webers Büro zeugen von seiner Arbeitswut: »Weber Management«, »PPM Pole Position Marketing«, »Weber World Trade Sport Marketing S. L.«, »Weber Sport Marketing GmbH«, »Future Products«. Der Mann lässt nichts aus und gibt zu, sich mit Dingen zu beschäftigen, »die ich eigentlich gar nicht verstehe, die mich aber interessieren«.

Der neueste Clou des gelernten Hotelfachmannes ist, Sportler an die Börse zu bringen. Er könne sich ernsthaft vorstellen, eine reine »Sportler-Index-Börse« aus dem Boden zu stampfen. An Visionen mangelt es also nicht. Aber die vielen Aktivitäten führen zwangsläufig dazu, dass der Mann seine Hobbys vernachlässigt. So gönnt er sich nur einmal pro Jahr eine Ausfahrt mit seinem Ferrari F 50, bei seinem »Maranello« ist er sich nicht einmal sicher, ob dieser überhaupt anspringen würde. Auch die Villa auf Mallorca bekommt ihren Hausherren äußerst selten zu Gesicht. Und der Berufsdynamiker musste längst feststellen, mehr Geschäftsfreunde als Freunde zu haben – »ich vereinsame zunehmend.« Aber Willi Weber ist vor allem eines: scharf auf Geld, sehr viel Geld. Da muss alles andere hintenanstehen.

Doch zurück zu Jürgen Dilk. Dieser hatte Michael des Öfteren beobachtet, wenn er seine Runden über die Kart-Bahn zog, und schnell sein Talent erkannt. Als er von den finanziellen Problemen im Hause Schumacher hörte, kaufte er Michael ein neues Kart und besorgte gutes Equipment. Außerdem vertrat er seinen Schützling, wenn es darum ging, Unterschriften zu leisten oder Protest einzulegen – im Rennsport alltäglicher Papierkram, für den ein Minderjähriger einen Vormund braucht. Dilk gehörte zu diesem Zeitpunkt längst zur Familie.

Der Automatenaufsteller und sein Schützling reisten durch die Lande, nahmen an verschiedenen Kartrennen im In- und Ausland teil. Der Erfolg ließ nicht lange auf sich warten: 1984 gewann Michael Schumacher die Juniorenmeisterschaft im Deutschen Kartsport, seinen ersten großen Titel. Den Pokal stellte sich Dilk in die Vitrine, denn so hatten es die beiden von Anfang an ausgemacht. Der Freund der Familie förderte den jungen Michael und strich im Gegenzug die Trophäen ein – ein fairer Deal, der weitere Erfolge hervorbrachte: 1985 gewann der 16-jährige Michael die Deutsche Kartmeisterschaft und wurde WM-Zweiter.

Noch heute verbindet die beiden ein freundschaftliches Verhältnis. Michael bedankt sich für Dilks Engagement, indem er ihn zu allen Formel-1-Rennen einlädt. Jürgen Dilk ist heute Vorsitzender des ersten offiziellen Michael-Schumacher-Fan-Clubs, der mittlerweile 14000 Mitglieder zählt. 500 von ihnen gehören zum »harten Kern«, der zu fast allen Rennen pilgert, um das Idol vor Ort anzufeuern. Die Idee, einen Fanclub zu gründen, kam Schumacher und Dilk 1991 auf einem Rückflug von Jerez nach Düsseldorf. Michael hatte in einer Zeitung über Ausschreitungen von Hooligans bei einem Fußballspiel in Hamburg gelesen. Angesichts dieses abschreckenden Beispiels beschlossen beide, die damals noch spärlich gesäten Schumacher-Fans von Anfang an in friedliche Bahnen zu lenken. Das war die Geburtsstunde des Fan-Clubs.

Die Vereinigung der Fans ist längst zu einem internationalen Club angewachsen. Die Mitglieder kommen unter anderem aus London, Griechenland, Belgien und Skandinavien – die »Schumania« ist grenzübergreifend. Jedes Jahr verschicken Dilk und Co. mehrere Millionen

Autogrammkarten des Formel-1-Idols und bestehen angesichts dieser Mengen mittlerweile auf Rückporto. Wenn ein Mitglied Geburtstag hat oder heiratet, gibt es eine besondere Schmuckkarte, und die wird dann auch von »Schumi« höchstpersönlich handsigniert.

Die Kosten des Clubs tragen Ferrari und Schumacher gemeinsam. Die aus aller Welt kommende Fanpost wird von einem fünfsprachigen Broker im spanischen Alicante koordiniert. Diesem Herrn, namens Maurizio Caldat, wurde denn auch der Titel »Zentraler Fankoordinator« verliehen. Weil Michaels kleiner Bruder inzwischen fast genauso schnell auf den Rennstrecken unterwegs ist, zog Dilk eine Namensänderung des Clubs in Erwägung. Zur Diskussion stand »1. Offizieller Gebrüder-Schumacher-Fanclub«. Das stieß bei den meisten Mitgliedern allerdings auf wenig Gegenliebe, schließlich ist »Schumi« nicht gleich »Schumi«. Mittlerweile hat Manager Willi Weber einen eigenen Ralf-Schumacher-Fan-Club gegründet.

Ein prägendes Merkmal im Motorsport ist, dass mit wachsendem Erfolg auch der finanzielle Bedarf steigt. Je höher die Klasse, in der ein Fahrer unterwegs ist, desto teurer die Teilnahme. Daher ist es nicht verwunderlich, dass viele Formel-1-Piloten aus reichem Hause stammen. Ein Beispiel: Mitte der 80er-Jahre hatte sich Michael Schumachers außergewöhnliches Talent in der Szene herumgesprochen. Eine Formel-Ford-Testfahrt stand an, eine große Chance für einen jungen Fahrer, die 250 Euro gekostet hätte. Bei dieser Summe musste Rolf Schumacher resigniert abwinken – es war nun einmal kein Geld in der Kasse.

Aber auch die finanziellen Möglichkeiten Jürgen Dilks waren nicht grenzenlos. Also machte er sich auf die Suche nach weiteren Geldgebern für das »Unternehmen Schumacher«. Weil Michael mit seiner freundlichen, wenn auch zurückhaltenden Art ein allseits gern gesehener Junge war, fanden sich einige lokale Sponsoren, darunter ein Fleischer, ein Bäcker und der Besitzer eines Autohauses. Inzwischen hatte Michael Willy Bergmeister kennen gelernt, einen Fahrer der europäischen Tourenwagenszene, der außerdem eine größere Werkstatt besaß. Bergmeister wurde Michaels nächster Förderer. Bei ihm fand Michael ausgezeichnete Möglichkeiten vor, wichtige Details über den professionellen Rennsport zu erlernen. Technische und mechanische Grundlagen hatte »Schumi« bereits bei den gemeinsamen Basteleien mit seinem Vater verinnerlicht.

Nachdem er die Otto-Hahn-Realschule abgeschlossen hatte, entschied sich Michael Schumacher für eine Ausbildung zum Kfz-Mechaniker und gegen den Besuch eines weiterführenden Gymnasiums. Dieser Entschluss führte ihn zunächst nach Darmstadt, wo er in einem Autohaus seine Lehrzeit antrat. »Don Michèle«, wie er seit seiner Vertragsunterzeichnung 1996 bei Ferrari von seinen Fans genannt wird, spricht noch heute in den höchsten Tönen von dieser Zeit. Damals musste er monatlich mit rund 300 Euro auskommen – »eine wichtige Erfahrung und eine gute Zeit zum Erwachsenwerden«. Michael lernte, sparsam zu leben, ohne zum Einsiedler zu mutieren. Ab und zu ging er aus, traf sich mit Bekannten und lernte auch das ein oder andere Mädchen kennen. »Ein Mann für eine Nacht war ich jedoch nie, das ist nichts für mich«, sagt Michael Schumacher. So richtig wohl fühlte er sich in Hessen indes nicht und kehrte Darmstadt nach einem Jahr den Rücken, um seine Ausbildung bei Willy Bergmeister zu beenden.

Von nun an ging es steil bergauf. Das Jahr 1987 geriet für Michael zu einem einzigen Triumphzug. Mit 15 Punkten Vorsprung gewann er die Deutsche Kartmeisterschaft, holte sich ebenso souverän den Europameistertitel und verpasste nur um Haaresbreite die Weltmeisterschaft. Mit diesen Erfolgen in der Tasche schaffte es Jürgen Dilk 1988, den Nachwuchsfahrer in der Formel König und der Formel Ford unterzubringen. Dilk hatte Sponsoren aufgetan, die die Teilnahme weitgehend finanzierten. Die Erfolge häuften sich. Michael gewann die Formel König auf Anhieb und stand auch in der Formel Ford regelmäßig auf dem Treppchen. Außerdem nahm das Supertalent an den drei Läufen zur inoffiziellen Formel-Ford-Europameisterschaft teil. Nur der Finne und spätere Formel-1-Kollege Mika Salo war schneller und verwies Schumacher auf den zweiten Rang.

Rasant ging es weiter. Die nächsten Meilensteine auf dem Weg in die Königsklasse waren das WTS-Team und Michaels Beziehung zu seinem späteren Manager Willi Weber, der Schumacher die Gelegenheit gab, in der Formel 3 zu starten. Weber trieb die handelsüblichen 300 000 Euro an Sponsorengeldern auf, die einen Fahrer zur Teilnahme in der Formel 3 berechtigen. Und auch hier feierte der mittlerweile 20-Jährige sogleich beachtliche Erfolge. Der Saisonverlauf geriet zu einem nervenzerreißenden Kopf-an-Kopf-Rennen zwischen

Schumacher, dem Österreicher Karl Wendlinger und Heinz-Harald Frentzen, der mittlerweile für das Team des vierfachen Weltmeisters Alain Prost in der Formel 1 unterwegs ist. Wendlinger holte sich den Titel schließlich mit 164 Punkten und einem hauchdünnen Vorsprung: Schumacher und Frentzen teilten sich den zweiten Platz mit jeweils 163 Punkten. In der darauf folgenden Saison sicherte sich Michael mit 31 Punkten Vorsprung souverän den Titel.

Die drei »jungen Wilden« wurden sodann von Mercedes-Benz unter Vertrag genommen. Zusammen bildeten sie das »Youngster-Team«. Schumacher, Frentzen und Wendlinger starteten in der so genannten Gruppe C, wo Michael vom ehemaligen Formel-1-Piloten Jochen Maass unter die Fittiche genommen wurde. In dieser Klasse verfügen die Boliden über gewaltige Motoren, die um die 800 PS leisten. Von nun an, wir schreiben das Jahr 1990, sollte es nicht mehr lange dauern, bis Michael Schumacher in die Formel 1 aufstieg.

Ralfs steile Karriere und die Probleme mit dem Übergewicht ...

Zu dieser Zeit hatte sich der 15-jährige Ralf Schumacher bereits aufgemacht, in die Fußstapfen seines großen Bruders zu treten. Die sportlichen Entwicklungen der Brüder weisen außergewöhnlich viele Parallelen auf, sodass an dieser Stelle nur die wichtigsten Stationen in Ralfs Karriere dargestellt werden. Wie sein Bruder saß er im zarten Alter von drei Jahren bereits zum ersten Mal in einem Kart. Mit sechs Jahren nahm er an Clubrennen teil und feierte seine ersten Siege. 1991, mit 16, gewann Ralf den NRW-Cup, den Gold-Cup und die Deutsche Junioren-Kart-Meisterschaft. Doch anders als sein großer Bruder hatte Ralf ein im wahrsten Sinne des Wortes hausgemachtes Problem. »Schumi II«, der sich in seiner Jugend nicht gerade vorbildlich ernährte und Stammgast im Imbiss seiner Mutter war, wurde dicker und dicker – »ich bin aufgewachsen auf der Kartbahn und meine Mutter hatte halt den Imbiss.«

Also stellte ihn sein damaliger Teamchef vor die Wahl: »Entweder du speckst ab oder du kannst den Motorsport an den Nagel hängen.« Der extrovertierte junge Mann überlegte nicht lange und gab selbstbewusst zu Protokoll: »Mir wurde der Motorsport in die Wiege gelegt!« Fortan ernährte er sich gesünder und quälte seinen Körper mit Fitness-Training und Ausgleichssportarten. Eine Entscheidung, die sich bezahlt machte, wie sich später herausstellen sollte. Aus dem pummeligen Jugendlichen wurde ein schlanker, durchtrainierter junger Mann, der seinem Bruder in Sachen Fitness heute in nichts nachsteht. Ralf bewunderte seinen älteren Bruder für dessen Leistungen und schien daraus ein gewisses Urvertrauen in sich selbst zu gewinnen. So absolvierte er im Gegensatz zu Michael keine konventionelle Berufsausbildung, sondern setzte voll und ganz auf sich und seine Karriere im Motorsport. Diese von vielen als Arroganz gedeutet Einstellung zahlte sich aus: 1992 startete Ralf Schumacher in der Deutschen Kartmeisterschaft und beendete die Saison als Vizemeister.

Ralf schlug ähnliche Wege ein wie sein großer Bruder. 1993 fuhr er seine erste komplette Saison in der ADAC-Formel-Junior-Meisterschaft und wurde Zweiter. Zu diesem Zeitpunkt war es erneut Willi Weber, der das Heft in die Hand nahm. Er verpflichtete »Schumi II« für erste Tests und sein erstes Formel-3-Rennen im WTS-Team. Seine erste vollständige Formel-3-Saison absolvierte der jüngere der Schumacher-Brüder 1994.

In einem starken Teilnehmerfeld behauptete er sich auf Anhieb als Dritter hinter Champion Jörg Müller und Alexander Wurz aus Österreich.

»Don Michèle« schafft in diesem Jahr das Unglaubliche: In seinem Benetton-Ford B 194 wird er Weltmeister in der Formel 1. So erfreulich dieser erste Titelgewinn für Michael Schumacher auch ist, er wird von zwei schrecklichen Unfällen überschattet. Zunächst verunglückt der Österreicher Roland Ratzenberger im Qualifying zum WM-Lauf in Imola tödlich, weil an seinem Simtek ein Frontspoiler wegbricht und der Wagen außer Kontrolle gerät. Ein schwerer Schock für alle Teams und der erste tödliche Unfall seit Elio de Angelis 1986. Das Unfassbare passiert schon einen Tag später. In der siebten Runde des Rennens rast Ayrton Sennas Williams geradeaus durch die berüchtigte Tamburello-Kurve in eine Mauer. Das Idol von Millionen Formel-1-Fans auf der ganzen Welt stirbt, weil ein Vorderrad mit Aufhängungsteilen seinen Helm oberhalb der rechten Augenbraue durchschlagen hat.

Michael Schumacher sicherte sich seinen ersten WM-Titel im letzten Saisonlauf »down under« in Adelaide mit einem einzigen Punkt Vorsprung vor seinem schärfsten Konkurrenten Damon Hill. In seiner ersten Rede als Weltmeister sagte er am 13. November 1994 in Australien: »Ayrton und Roland – das waren Situationen, die für mich sehr schwierig zu überwinden, zu verkraften und zu verstehen waren, da ich noch nie wirklich mit dem Tod konfrontiert worden bin. Für mich war eigentlich immer klar, dass Ayrton derjenige ist, der diese Weltmeisterschaft gewinnt. Deswegen möchte ich die

Situation nutzen, um die Weltmeisterschaft – meine erste – Ayrton Senna zu widmen.«

Der große Senna und der »talentierte Deutsche« hatten nicht immer das beste Verhältnis zueinander. Schumacher hatte den Brasilianer mehrfach wegen seines Fahrstils kritisiert, Senna dem Neuling seinerseits Respektlosigkeit vorgeworfen. Ihre Beziehung zueinander war einerseits von Bewunderung, andererseits von Feindschaft geprägt. Das war abzusehen: Wenn ein neues Supertalent plötzlich den Kreis der Etablierten aufmischt, sind Konflikte vorprogrammiert. Trifft ein selbstbewusster Jungstar auf einen etablierten König, der ebenfalls mit einem ausgeprägten Ego ausgestattet ist, wird die Situation brisant. Erst recht, wenn der Etablierte erkennt, dass der Youngster genügend Talent hat, seine Vormachtstellung zu gefährden. »Schumi« betont immer wieder: »Ich bin Michael Schumacher, nicht Senna II.« Ayrton Senna hatte einmal über Schumacher gesagt: »Mir kann doch im Prinzip egal sein, was er redet. Er ist doch nur ein dummer Junge.«

Doch so unterschiedlich die Charaktere dieser beiden Rennfahrer auch waren, Senna war Profi genug, um die Qualitäten des jungen Deutschen zu erkennen: »Ich habe schon immer gesagt, dass Schumacher ein Riesentalent ist. Er wird sicher zum ganz großen Gegner für die Starpiloten – wenn er immer das richtige Auto hat.« Der Brasilianer hatte nur drei Jahre Zeit, sich mit Michael Schumacher zu messen, dann passierte der grauenhafte Unfall. Die Formel 1 hatte mit Senna auf tragische Weise ihren besten Fahrer verloren. Gleichzeitig ebnete dieser Verlust dem deutschen Ausnahmetalent den Weg zur unbestrittenen Nummer eins im Rennzirkus.

Sein kleiner Bruder Ralf schickte sich derweil an, zur dominierenden Größe in seiner Klasse aufzusteigen. In seiner ersten Formel-Nippon-Saison, der japanischen Formel-3000-Meisterschaft, gewinnt Ralf Schumacher mehrere Rennen und sichert sich auf Anhieb den Titel. Das hatte sogar sein großer Bruder nicht für möglich gehalten, der ihm allenfalls ein Ergebnis zwischen Platz drei und fünf zugetraut hätte. Parallel dazu startet Ralf auf McLaren-BMW in der japanischen GT-Serie und beendet die Saison als Vize-Champion.

Ralf Schumacher, wegen seiner Vorliebe für edle Chronometer auch »Rolex-Ralle« genannt, war nun schon in aller Munde. Das war auch den Machern des McLaren-Formel-1-Teams nicht entgangen, und so unterbreiteten sie Ralf ein Angebot als Testfahrer. Nach Absprache mit Willi Weber, der inzwischen auch Ralfs Manager geworden war, lehnte dieser jedoch ab. Man war zu dem Schluss gekommen, dass es förderlicher für Ralfs Karriere sein würde, Rennen statt Tests zu fahren. Großmundig verkündete »Schumi II«: »Ich bin Renn- und nicht Testfahrer!« Auch diese Entscheidung sollte sich als die richtige erweisen, denn kurze Zeit später unterzeichnete Ralf Schumacher einen Formel-1-Fahrervertrag bei Jordan, demselben Rennstall, für den auch Michael 1991 seinen ersten Formel-1-Grand-Prix absolviert hatte.

Jetzt hatte auch »Schumi II« den Einstieg in die Königsklasse des Automobilsports geschafft, und die deutsche Fangemeinde schien sich vor Begeisterung zu

Juli 1996: Ralf kurz vor seinem Eintritt in die Königsklasse des Motorsports

überschlagen. Zum ersten Mal seit 22 Jahren würde wieder ein Brüderpaar seine Kräfte in der Formel 1 messen – und zum ersten Mal eines aus Deutschland. So ist es nicht verwunderlich, dass sich im November 1996 ungewöhnlich viele Journalisten an der Rennstrecke im portugiesischen Estoril einfanden. Am Freitag, den 8. November, sollte es zum ersten direkten Trainingsvergleich der deutschen Brüder kommen. Nach Ralfs Rennstall Jordan hatte auch Ferrari überraschend Testfahrten auf dem »Autodromo Fernanda Pires da Silva« angekündigt.

Ralf erzielte eine Rundenzeit von beachtlichen 1.21,458 Minuten, nur 0,7 Sekunden langsamer als sein großer Bruder und immerhin drei Zehntel schneller als Michaels Teamkollege Eddie Irvine. »Schumi I« wertete das Ergebnis folgendermaßen: »Ralf hat damit allen bewiesen, dass er reif für seine neue Aufgabe ist.« Dem konnte sich auch Elisabeth Schumacher nicht entziehen, die ihre Söhne kurze Zeit später im Zuge der allgemeinen Euphorie nicht ohne Stolz »die schnellsten Brüder der Welt« taufte.

»Familie Vollgas« hatte es geschafft. Aus einfachen Verhältnissen im heimischen Hürth-Hermülheim waren die Brüder ganz nach oben gekommen, und auch ihren Eltern war spätestens jetzt klar, dass sie sich in Zukunft nie wieder Sorgen um finanzielle Angelegenheiten machen müssten. Man hatte sich, zumindest in der Anfangsphase, mit unglaublich viel Eigeninitiative und Kreativität immer wieder durchgebissen und einigen Situationen nahe am Abgrund tapfer getrotzt, ohne jemals darauf gebaut zu haben, irgendwann einmal die Früchte dieses Engagements zu ernten. Elisabeth und Rolf Schumacher waren vielmehr von der Motivation beseelt, alles in ihrer Macht stehende zu unternehmen, um ihren Söhnen das Kartfahren zu ermöglichen. Dass

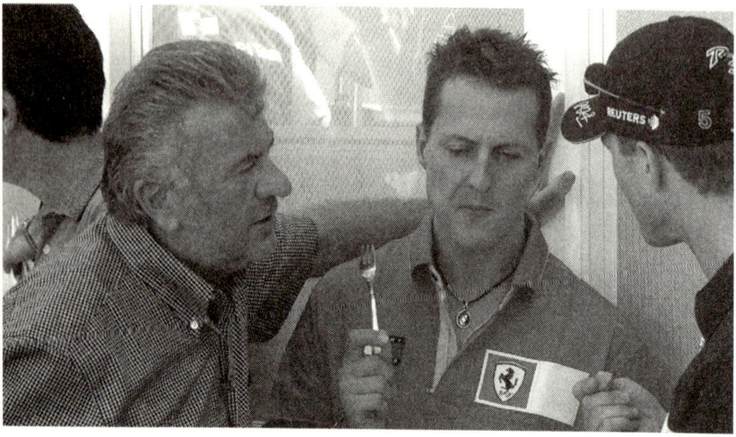

Willi Weber und Michael genießen mit Ralf anlässlich seines 26. Geburtstags ein Stück Kuchen

diese elterliche Unterstützung einmal dazu führen würde, dass beide Brüder in der Formel 1 an den Start gehen, hatten Mutter und Vater lange Zeit nicht für möglich gehalten.

Und genau das ist es, was die Karrieren von Ralf und Michael Schumacher so einzigartig und unvergleichlich macht. Tief verwurzelt in ein intaktes Familienleben, entwickelten beide Sprösslinge eine Art Urvertrauen, das es ihnen ermöglichte, ihre ganz eigenen Wege zu gehen, teilweise voller Naivität, aber immer bescheiden und mit gebührendem Respekt vor den Möglichkeiten, die sich auftaten. Willi Weber formuliert es heute so: »Michael hat nicht vergessen, dass er aus bescheidenen Verhältnissen kommt und dass auch er auf die Hilfe anderer angewiesen war. Solche Menschen behalten ein vernünftiges Verhältnis zum Geld.«

Trotz aller Gegensätze: Zwischen Michael und Ralf regieren Respekt und Bruderliebe

Nicht nur in finanziellen Angelegenheiten, auch im Leben scheint der ältere der Schumacher-Brüder auf dem Teppich geblieben zu sein. Bis heute hat sich »Don Michèle« keinerlei Eskapaden oder Affären geleistet – zumindest ist davon nichts an die Öffentlichkeit gelangt. Es scheint, als lebe er die Werte vor, die er von seinem Elternhaus in die Wiege gelegt bekam. Dazu gehören Ehrlichkeit, Bescheidenheit und Zurückhaltung. Und das sind im Formel-1-Business bestimmt keine allgemein gültigen Tugenden.

So hat beispielsweise Eddie Irvine seit geraumer Zeit den zweifelhaften Ruf weg, in Bars und Diskotheken eher in seinem Element zu sein als auf der Rennpiste.

»Crazy Eddie« kann es nicht lassen: Jeder Rockzipfel und jedes Bier wollen erobert werden. Und auch sein Insel-Kollege David Coulthard, ein chronischer Womanizer, konnte nicht verhindern, dass im vergangenen Spätsommer Paparazzi-Fotos durch die Gazetten geisterten. Die Bilder zeigten den Briten in leidenschaftlichem Zungenkontakt mit seiner damaligen Freundin auf einer gecharterten Luxusyacht.

So weit so gut: Der Einwand, warum ein verliebter Rennfahrer seine aktuelle Freundin nicht küssen dürfe, ist durchaus berechtigt. Erschwerend kommt in diesem Fall allerdings hinzu, dass im Hintergrund ein befreundetes Pärchen ausgiebig mit Matratzensport beschäftigt war.

Ganz zu schweigen von Ralf Schumachers Chef, dem Österreicher Gerhard Berger, bei BMW-Williams. Dessen Partys sind legendär, zu seiner aktiven Zeit galt Berger als ungekrönter König des ausschweifenden Amusements, der auch neben den Pisten regelmäßig für Schlagzeilen sorgte.

Derlei Entgleisungen sind bei Michael Schumacher nicht zu befürchten. Viel zu glaubhaft bringt er rüber, dass die Familie sein ein und alles ist. Während andere den Auftritt im Rampenlicht genießen und sich regelrecht aufdrängen, zieht sich der Kerpener lieber mit Ehefrau Corinna sowie den Kindern Gina-Maria (*20. Februar 1997) und Mick (*22. März 1999) in seinen Landsitz im eidgenössischen Vufflens-le-Château am Südufer des Genfer Sees zurück, wo er die Ruhe fernab des hektischen Formel-1-Business genießt. In unmittelbarer Nachbarschaft hat auch der vierfache Formel-1-

Weltmeister Alain Prost ein Quartier bezogen. Bei ausgedehnten Spaziergängen mit seinen Hunden Bonny, Tracey, Jenny und Floh am Seeufer erholt sich der »Don« vom hektischen Formel-1-Alltag.

Sein kleiner Bruder, von Natur aus exaltierter veranlagt, scheint etwas mehr Fettnäppfchen-Qualitäten mitzubringen. So wurde »Schumi II« schon mehrfach geblitzt, zuletzt auf einer österreichischen Autobahn, wo er die zulässige Höchstgeschwindigkeit von 100 Stundenkilometern gleich um 70 km/h überschritten hatte. Zähneknirschend akzeptierte »Bruder Bleifuß« ein einmonatiges Fahrverbot, das glücklicherweise nicht für die Formel 1 galt, und eine saftige Geldstrafe. Letztere dürfte ihn indes weniger hart getroffen haben. Auch Ralfs neue Nachbarin im idyllischen Hallwang im Salzburger Land (Ralf: »Mein Leben sind die Berge, die Wälder, die Natur.«) äußerte sich bereits leicht irritiert über den Shootingstar: Es sei jedenfalls nicht zu überhören, wenn »Schumi II« abends nach Hause komme oder am Morgen die Auffahrt seines strahlendweißen, 1,5 Millionen Euro teuren Anwesens herunterdonnere.

Dass dann auch noch Nacktfotos seiner Herzdame Cora Brinckmann an die Presse lanciert wurden, passte »Rolex-Ralle« nun überhaupt nicht in den Kram. Ralf Schumacher steht zwar auf scharfe Kurven – kaum einer nimmt sie so gekonnt und schnell wie er. Doch weil es diesmal um private Kurven ging, wollte der BMW-Williams-Pilot die Öffentlichkeit ausnahmsweise nicht teilhaben lassen und versuchte, die Aktfotografien aus dem Verkehr zu ziehen – ohne Erfolg.

Wie dem auch sei, die Wogen haben sich geglättet, und Ralf Schumacher zieht es inzwischen wieder vor, durch herausragende Leistungen in der Formel 1 auf sich aufmerksam zu machen. Kaum ein Fachmann, der ihn in der kommenden Saison nicht zum erlesenen Kreis der Titelaspiranten zählt. Dass Ralf über den nötigen Ehrgeiz und den »wichtigen Killerinstinkt« (Frank Williams) verfügt, bezweifelt mittlerweile niemand mehr. Gut möglich, dass der kleine Bruder zum größten Konkurrenten Michael Schumachers heranreift, ihn vielleicht sogar überholt. Doch vom »Bruderkrieg«, wie ihn die Medien nur allzu gern herbeisehnen, ist wenig zu merken. »Bruderkampf ist okay«, sagt Ralf Schumacher, »aber letztendlich versuche ich einfach nur zu gewinnen – ob mit oder ohne großen Bruder.«

So unterschiedlich die Charaktere der »Schumis« auch sind, sie respektieren sich nicht nur, sie kommen auch prima miteinander aus. So etwas nennt man wohl Bruderliebe, und inzwischen ist der Große genauso stolz auf den Kleinen wie umgekehrt. Auf die Frage, wie er sich gefühlt habe, nachdem er im vergangenen Jahr von seinem kleinen Bruder beim Grand Prix in Kanada besiegt wurde, antwortete Michael Schumacher: »Es war ein wunderschönes Gefühl. In dem Moment, als Ralf vor mir war, ging mir eigentlich nur Freude durch den Kopf. [...] Ich bin sehr stolz auf Ralf. Ich habe einen anderen Blickwinkel als alle anderen, denn ich war schon zu einer Zeit dabei, als Ralf noch Go-Kart fuhr. Ich war damals sein Mechaniker. Deshalb bin ich darauf bedacht, dass es ihm gut geht und er gute Resultate erzielt.« Und als ob er allen Spekulationen den Wind aus

Jubel: Ralf Schuhmacher nach seinem Sieg im Grand Prix von San Marino

den Segeln nehmen wolle, betont »Schumi I«: »Es gibt gar keinen Grund, dass wir uns in die Haare geraten, wie das viele glauben oder gerne sehen möchten.« Ralf Schumacher bestätigt das: »Ich war zu keinem Zeitpunkt sauer auf Michael.«

Die »Schumis« – Fit wie Turnschuhe

Körperliche und geistige Fitness sind in der Formel 1 Grundvoraussetzungen für den Erfolg. In den Cockpits der Boliden wirken unglaubliche Kräfte, besonders in Kurven, bei rasanten Beschleunigungen und harten Bremsmanövern. Jeder Fahrer im Circuit hat aus diesem Grund einen eigenen Fitness-Berater und ist regelmäßig in Sportstudios zu Gast. Keiner betreibt dies allerdings so exzessiv wie Michael Schumacher, der auch in Sachen Fitness absolute Perfektion anstrebt. Das Training ist für ihn längst zur täglichen Routine geworden.

Sein ehemals schärfster Rivale, der Brite Damon Hill, wunderte sich einmal während einer Siegerehrung über den Deutschen: »Sag mal, du schwitzt ja gar nicht. Bist du überhaupt ein menschliches Wesen?« Zum Vergleich: Der ehemalige Weltklassepilot Gerhard Berger gab vor einigen Jahren zu Protokoll, dass er stets frisch rasiert in ein Rennen gehe. Wenn er nach rund zwei Stunden aus seinem Cockpit stieg und den Helm abnahm, war Berger völlig fertig, bis auf die Unterwäsche durchgeschwitzt und hatte – unglaublich – einen Dreitagebart.

Michael Schumacher hingegen sieht immer aus wie aus dem Ei gepellt, wenn er nach einem Rennen das Visier hochklappt. Er ist topfit und strahlt deshalb eine ungeheure Gelassenheit aus. Teilweise trainierte der Kerpener bis zu fünf Stunden täglich im Studio, nur eine Stunde weniger als Arnold Schwarzenegger in jungen Bodybuilder-Jahren. Ferrari hat dem viermaligen Champion mittlerweile ein rollendes Fitnessstudio zur Verfügung gestellt, das »Schumi« um den Globus begleitet. Sein »Guru« bei Benetton war Harry Hawelka, Fitnesstrainer, Ernährungsberater, Masseur, Vertrauter und Freund in einer Person. Eisenhart hielt sich Schumacher an dessen Anweisungen. Dauerläufe absolviert er mittlerweile ohne Pulsmessgerät. Er kennt seinen Körper genau und ist auf technische Hilfen nicht mehr angewiesen. Doch das jahrelange harte Training hinterlässt Spuren, der Körper setzt sich zur Wehr. »Manchmal kann ich nachts vor Schmerzen nicht schlafen. Das Knie tut weh. Außerdem habe ich Rückenprobleme.«

Hawelka knetete die Muskeln des Superstars nach jedem Training und vor jedem Rennen durch. Zuvor stand Entspannungstraining auf dem Programm. Es soll schon vorgekommen sein, dass Schumacher seelenruhig schlief, während draußen die Massen dem Start entgegenfieberten.

Seit seinem Wechsel zu Ferrari ist der gebürtige Inder Balbir Singh Michaels Physiotherapeut. »Ich bin sein Mädchen für alles«, so Singh, der Michael von einem Onkel empfohlen wurde, nachdem er sich von Hawelka getrennt hatte. Singh charakterisiert Schumacher wie folgt: »Wenn man seine Position bedenkt, dann fällt einem zunächst auf, dass er kein bisschen hochnäsig ist und sehr menschlich auftritt. Seit dem Beginn seiner Formel-1-Karriere hat er eine unglaublich positive Entwicklung durchgemacht. Ich schätze seine Herzlichkeit, er ist ein richtig guter Kumpel.«

Michael Schumacher ist ein Phänomen. Er hat einen sehr niedrigen Ruhepuls von rund 45 Schlägen pro Minute, der selbst in Stresssituationen selten über 120 klettert. Er hat einfach die Ruhe weg. Der deutsche Rennfahrer Hans-Joachim Stuck dagegen war nicht so entspannt. Er nahm vor dem Start manchmal Betablocker, um die Aufregung in den Griff zu kriegen.

Als Schumacher nach seinem ersten Titelgewinn 1994 aufgrund zahlreicher Pressetermine und Ehrungen sein Training vernachlässigte, fühlte er sich nach kurzer Zeit nicht mehr wohl in seiner Haut: »Ich konnte mich selber nicht mehr leiden.« Das war jedoch nicht von Dauer, denn »Schumi« wäre nicht »Schumi«, wenn er sich nicht gleich wieder voller Elan ins Fitnesstraining gestürzt hätte. Dieses Beispiel ist typisch für den Erfolg des Rheinländers. Die Ziele, die er sich selber setzt, verfolgt er mit gnadenloser Disziplin, ganz gleich, ob es Spaß macht oder nicht – es muss sein. Zum Kräftigen der Oberarme stemmt Michael 25-Kilo-Gewichte bis zu 30-mal. Beim Bankdrücken sind 80 Kilogramm à 15 Wiederholungen kein Problem. Innerhalb von drei Minuten schafft er 100 Liegestütze. Bereits als Jugendlicher ist »Schumi« jeden Tag acht Kilometer gejoggt. Michaels Freizeitsportarten sind Fußball und Tennis. Außerdem läuft er gern Ski und ist ein hervorragender Schwimmer. Niemand im Formel-1-Zirkus ist so hart zu sich selbst wie »Don Michèle«.

Auch nicht sein kleiner Bruder Ralf, der das für jeden Fahrer zwingend notwendige Fitnesstraining eher lustlos absolviert. Das soll aber nicht heißen, dass Ralf nicht fit wäre, ganz im Gegenteil. »Schumi II« hat kein einziges Gramm Fett zu viel am Körper, ist allerdings etwas kräftiger gebaut und daher nicht so drahtig wie sein großer Bruder. Da Ralf nicht über Michaels eiserne Disziplin verfügt, sind Ausdauertraining und Fitnessprogramm für ihn eher eine lästige Pflicht. Umso mehr Respekt muss man ihm dafür zollen, dass er seine pummelige Phase in der Jugend überwunden und eingesehen hat, dass der Rennsport ohne entsprechendes Training nun einmal nicht funktionieren kann. Auch Ralf spielt in seiner Freizeit gern Tennis. Ansonsten sind seine Vorlieben weniger auf Bewegung ausgelegt. Der jüngere der Schumacher-Brüder liebt »Kopfsportarten« wie Skat und Backgammon.

Wenn die schnellsten Brüder der Welt einmal nicht ihren Diät-Plänen unterworfen sind, stillen sie ihren Appetit bevorzugt mit Pasta. Beide sind der italienischen Küche sehr zugetan. Und auch in Sachen Lieblingsgetränk geben sich die beiden nichts: »Schumi I« und »Schumi II« nippen am liebsten Apfelsaftschorle. Auch musikalisch liegen die beiden auf der konservativen

Strahlemänner: »Familie Vollgas« bei einer Pressekonferenz

Linie – keine Spur von lauten Tönen. Michael steht auf Michael Jackson, Phil Collins und Tina Turner, während Ralf bei Softrock im Allgemeinen am besten entspannt. Wie er im September des vergangenen Jahres auf seiner offiziellen Homepage verlauten ließ, war sein aktueller Lieblingshit damals »Lovin' each day« von Ronan Keating.

Die Sache mit Coras Nacktfotos: Ralf zeigt Zähne

Als die Bürokauffrau Cora Brinckmann vor fünf Jahren zum ersten Mal den Fotografen Jens Brüggemann traf, jobbte die damals 20-Jährige in einer Agentur, die Aktmodelle an den Fotokünstler vermittelte. Brüggemann war von der sympathischen, offenen Art der jungen Frau sofort angetan, und kurze Zeit später bot er Cora an, sie für einige Porträts vor seine Linse zu holen. »Alles lief ganz freundschaftlich ab, es war nur ein Test«, erinnert sich der Fotograf.

Danach verloren sich die beiden aus den Augen. Anfang 2000, Brüggemann hatte inzwischen zwei erotische Fotobände veröffentlicht, ließ Cora die Bekanntschaft wieder aufleben. Laut Brüggemann habe sie ihn angerufen und gefragt, ob er Interesse hätte, Aktbilder von ihr zu schießen. Weil der Fotograf die hübsche Brünette noch in bester Erinnerung hatte, sagte er zu. Am frühen Morgen des 25. Mai 2000 trafen sich Meister und Model, um zur Tat zu schreiten.

Zwar war es ein warmer Tag, doch es regnete in Strömen. Trotzdem beschlossen beide, die Fotos in freier Natur zu machen. Cora posierte, wie Gott sie schuf an einem romantischen Waldbach im Umland von Düsseldorf. Beide waren mit dem Ergebnis des Shootings zufrieden.

Der Fotograf stellte seinem Model anschließend professionelle Abzüge für den Privatgebrauch zur Verfügung, Cora unterzeichnete ihrerseits einen Vertrag, der Brüggemann sämtliche Nutzungsrechte des Bildmaterials zuschrieb. Einige der erotischen Aufnahmen wurden sodann in dem Buch »Erotic Acts« veröffentlicht, das so schlecht nicht gewesen sein kann: Das Werk war bereits nach einem halben Jahr vollständig vergriffen. Kurz vor Weihnachten rief Cora in Brüggemanns Studio an und bat ihn, eine besonders gelungene Aufnahme ihrer üppigen Brüste zu vergrößern. Sie wolle ihrem neuen Freund ein Geschenk machen. Pech für Brüggemann: Der neue Freund von Cora Brinckmann war kein Geringerer als der Formel-1-Pilot Ralf Schumacher.

Zunächst blieb alles ruhig. Bis sich der Fotograf im April 2001 entschloss, die erotischen Bilder Zeitungen und Magazinen anzubieten, unter anderem auch der »Bild«. Kurz darauf meldete sich ein Interessent am Telefon, mit dem Brüggemann allerdings nicht gerechnet hatte – es war Ralf Schumacher. Das Ferngespräch verlief nicht besonders harmonisch: »Schumi II« zog dem Künstler zumindest verbal das Fell über die Ohren.

März 2001: Cora begleitet Ralf erstmals an eine Rennstrecke.

Jedenfalls scheint Brüggemann seither vor irgendetwas gehörig Angst zu haben. Bevor er einem die Tür seines Düsseldorfer Studios öffnet, fragt er vorsichtig, wer draußen ist. Nach dem Eintreten des Gastes schließt er doppelt wieder ab. Die Auseinandersetzung mit »Rolex-Ralle«, der versuchte, die Veröffentlichung der Nacktbilder seiner Freundin mit aller Macht zu verhindern, hat Spuren hinterlassen. Wie Brüggemann es darstellt, verlief der Disput wie folgt: Am 1. Mai habe Ralf ihn angerufen und in rüdem Tonfall die Herausgabe aller Bilder und Negative gefordert. »Schumi« habe einen Kaufpreis von 25 000 Euro angeboten und deutlich gemacht, dass er darüber nicht weiter verhandeln werde.

Brüggemann sagte zu, einen Teil der Fotos auszuhändigen, jedoch nicht die, die er für künstlerisch wertvoll hielt. Schumachers Anwalt setzte einen Vertrag auf, und man ging in dem Glauben auseinander, eine für beide Seiten akzeptable Einigung gefunden zu haben. Als die »Bild«-Zeitung einen Tag später mit der Schlagzeile »Schumis Cora: Wirbel um Nacktfotos« aufmachte, wurde eine regelrechte Klatschlawine losgetreten. Das Thema sollte noch einige Tage durch die Yellow Press geistern.

Ralf bezeichnete den Fotografen daraufhin in aller Öffentlichkeit als unkooperativ und schimpfte ihn einen »Knipser«. Und auch Willi Weber schaltete sich in die unangenehme Angelegenheit ein. Ralfs Manager drohte, einen Tonbandmitschnitt über eines der Telefonate zu veröffentlichen. »Ich hatte das Gefühl, um meine Existenz kämpfen zu müssen«, so der verstörte Fotograf. Für ihn waren alle Vertragsverhandlungen beendet, und er stellte einige Bilder zum Teil kostenlos der Presse zur Verfügung.

Cora selbst hat sich aus dem Streit weitgehend herausgehalten und lediglich verlauten lassen, dass sie verärgert sei, weil die Sache »so breit getreten wird. Ich finde die Fotos schön und fühle mich nicht schlecht, weil sie veröffentlicht werden.« So locker Ralfs Frau auch mit der Angelegenheit umgeht – es steht weiterer

Stress bevor. Denn auch Brüggemanns Verlag besitzt Weiterverwertungsrechte an den erotischen Aufnahmen und hat die Motive nach dem öffentlichkeitswirksamen Streit an eine Fotoagentur verkauft. Diese verscherbelt die Bilder nun an jeden, der sie drucken möchte. Dabei handelt es sich allerdings nicht nur um jene Motive, die Brüggemann als »künstlerisch wertvoll« bezeichnet hatte, sondern auch um solche, die eindeutig in Richtung Pornografie gehen. Auf einem Bild soll Cora gar die Hand im Schritt haben ...

Dieses Beispiel zeigt deutlich, wie energisch Ralf Schumacher werden kann, wenn es darum geht, seine Privatsphäre zu verteidigen. Die Familie geht ihm – wie auch seinem Bruder – über alles. Und wenn ein »Knipser« vor Jahren Aktfotos von seiner jetzigen Frau gemacht hat, wird nicht lange nach Recht und Unrecht gefragt, sondern umgehend Druck ausgeübt. In solchen Fällen ist es für »Rolex-Ralle« offenbar kein Problem, mit Scheinen zu winken, um die Angelegenheit bequem und in bar zu lösen. Wenn dann einer auch noch die Dreistigkeit besitzt, nicht auf sein Angebot einzugehen, dann kann der kleine »Schumi« auch mal ungemütlich werden. Das hat der Fotograf Jens Brüggemann jedenfalls deutlich zu spüren bekommen.

Die Beziehung zwischen Cora und Ralf hat der ganze Foto-Stress indes nicht belastet. Klammheimlich und unter Ausschluss der Öffentlichkeit gaben sich beide Anfang Oktober 2001 im Wohnzimmer des gemeinsamen Anwesens in Hallwang das Jawort. Augenzeugen wurden lediglich Ralfs Jugendfreund Tomas Lüder, eine Freundin Coras, eine Standesbeamtin und der Bürgermeister des idyllischen Ortes, Helmut Mödlhammer. Es wurde kurz mit Sekt angestoßen, dann war die Trauung zu Ende. Sogar Michael Schumacher hatte von der ebenso kleinen wie schlichten Feier nichts gewusst. Er saß gerade im Hubschrauber, als sein Handy klingelte und sein kleiner Bruder ihm mitteilte: »Michael, du darfst gratulieren, wir haben gerade geheiratet.«

War es Zufall oder doch ein ausgeprägter Sinn für gute Geschäfte, dass ausgerechnet zur Hochzeit neue Nacktbilder von Cora auftauchten? Jens Brüggemann hatte die Streitigkeiten mit Ralf Schumacher und dessen Anwälten offenbar gut verdaut und einen Kalender mit weiteren Aktfotos von Cora herausgebracht. Doch auch dieser unangenehme Umstand konnte das junge Eheglück nicht trüben: Im November wurde der kleine David geboren, und die Welt im Hause »Schumi II« war wieder in Ordnung.

Michael und H.-H. Frentzen – Frühe Konkurrenten

Michael Schumacher war gerade mal zwölf Jahre alt, als er zum ersten Mal auf einen Kontrahenten traf, der ihm auch heute noch regelmäßig über den Weg läuft: Heinz-Harald Frentzen. Es war 1981, als der talentierte Hürther und der damals 14-jährige Mönchengladbacher erstmals auf der Kartbahn in Kerpen gegeneinander antraten.

Der weniger erfahrene Schumacher-Spross startete von Position zwei, Frentzen von der Pole. Zunächst sah es so aus, als könnte der schnelle Schumi das Rennen für sich entscheiden; er legte den besseren Start hin und führte das Feld über weite Strecken an. Doch Frentzen zog schließlich doch noch vorbei und verwies den zwei Jahre jüngeren Konkurrenten auf Rang zwei.

Acht Jahre später, 1989, kam es zum nächsten Showdown der beiden jungen Wilden – diesmal in der deutschen Formel 3. Beide beendeten die ungeheuer spannende Meisterschaft mit 163 Punkten und wurden nur vom Österreicher Karl Wendlinger geschlagen. Spätestens jetzt hatten sich Schumacher und Frentzen einen Namen gemacht, der auch bis in die Chefetagen von Mercedes-Benz durchgedrungen war.

Unter der Aufsicht des ehemaligen Grand-Prix-Fahrers Jochen Maass bekamen beide die Möglichkeit, ihr Talent in einem Sauber-Mercedes unter Beweis zu stellen – ein ungeheurer Sprung, wenn man bedenkt, dass sowohl Frentzen als auch Schumacher bislang mit 160-PS-Motoren gefahren waren. Nun hatten sie auf einmal 800 PS unter der Haube. Es war der unbekümmerte Michael Schumacher, der weniger Respekt vor der nahezu unbändigen Leistung des Wagens zeigte.

Zwar machte auch Frentzen seine Sache gut, ging den Test aber wesentlich besonnener an als Schumacher. Dieser setzte sich ins Cockpit, fuhr drauf los und war prompt eine halbe Sekunde schneller als der Mönchengladbacher, und das sind im Rennsport Welten. Mittlerweile ist Michael längst für seine einzigartige Fähigkeit bekannt, von Anfang an 100 Prozent zu geben. Sei es ein neues Auto oder eine neue Strecke: Michael Schumacher geht sofort ans Limit. So etwas wie Angst scheint er nicht zu verspüren, viel zu sehr vertraut er auf seine Fähigkeiten und die des Autos.

Der Einzige, der ihm diesbezüglich annähernd das Wasser reichen kann, dürfte der Kanadier Jacques Villeneuve sein. Dieser stieg, nachdem er mit 260 Stundenkilometern in einen Reifenstapel gerast war, völlig entspannt aus seinem schrottreifen Boliden. Die herbeigeeilten Sanitäter schwören Stein und Bein, dass die Pulsmessung direkt nach dem Unfall einen Wert von 100 ergab. Einen solchen Puls haben andere Leute, wenn sie ihre Einkäufe in den ersten Stock tragen.

Nach den Testfahrten von Heinz-Harald und Michael hatte sich die Rennsportabteilung von Mercedes ein klares Bild gemacht: Schumacher galt von nun an als der Aggressive, Frentzen als der Denker. Im August 1991 hielt das Formel-1-Team von Jordan nach einem neuen Fahrer Ausschau. Der gewiefte Eddie Jordan, der schon einige Talente entdeckt hat, hatte ein Auge auf Michael Schumacher geworfen und ihn unter Vertrag genommen. Es sollte eine kurze, wenn auch überaus erfolgreiche Liaison werden. Jordans Bolide, das Modell 191, war noch nie so schnell über den Südkurs in Silverstone gescheucht worden wie während der sieben Testrunden von Michael Schumacher.

Anschließend überraschte der junge Deutsche die Fachwelt mit einem siebten Platz in der Qualifikation zum Großen Preis von Belgien in Spa. So sehr sich Eddie Jordan auch über seinen »dicken Fang« freute, die Zusammenarbeit mit dem »Wunderkind der Formel 1« sollte nicht von Dauer sein.

Der Vertragspoker oder »This guy is dynamite!«

Der Vertragspoker um Michael Schumacher im August 1991 ist legendär, und wahrscheinlich wird die ganze Wahrheit nie ans Tageslicht kommen. Heute wissen wir nur so viel: Eddie Jordan braucht einen Ersatzfahrer für Bertrand Gachot, der hinter Gittern sitzt, weil er sich mit einem Londoner Taxifahrer in die Haare gekriegt hat. Zu dieser Zeit weilt Jordan in seinem spanischen Ferienhaus. Gespräche werden mit Keke Rosberg, Stefan Johannson und Derek Warwick geführt.

Ian Phillips, Jordans Finanzvorstand, fällt beinahe der Hörer aus der Hand, als Eddie Jordan ihn aus Spanien anruft und mitteilt, dass er Schumacher ins Auto setzen wird. Wer ist Schumacher? Doch Eddie Jordan hat bereits alles klargemacht, sodass Schumacher bereits zwei Tage später erste Testrunden in Silverstone absolviert. Viele Fachleute schütteln den Kopf über Jordans Entscheidung, das unbeschriebene Blatt aus Deutschland zu verpflichten, doch Schumacher zeigt es allen Zweiflern. Nach vier Runden stellt Teammanager Trevor Foster entzückt fest: »This guy is dynamite!«

Am Freitag steht ein Training auf dem Programm, und Schumacher ist wieder enorm schnell unterwegs. In diesen Tagen teilen sich Michael, sein Manager Willi Weber und Phillips ein Zimmer für 10 Euro die Nacht in einem belgischen Wirtshaus. Düstere Wolken ziehen auf, der Vertragspoker beginnt. Tagelang lässt Mercedes-Mitarbeiter Jochen Neerpasch das Jordan-Team warten, betont, er könne zwar zahlen, aber keinen Vertrag unterzeichnen. Dann der Auftritt von Tom Walkinshaw, der gerade zu Ford gewechselt ist und dort nun das Sagen hat. Er legt Schumacher und seinem Umfeld nahe, nicht bei Jordan zu bleiben, weil dieser Rennstall in der kommenden Saison mit zweitklassigen Motoren ausgerüstet werde.

Schumacher will eigentlich bei Jordan unterschreiben. Er fühlt sich dort pudelwohl und ist vor allem froh darüber, endlich den Einstieg in die Königsklasse des Motorsports geschafft zu haben. Nach dem Rennen in Spa kommt es zu weiteren Verzögerungen, Mercedes möchte einige Klauseln ändern, und schließlich platzt das ganze Vorhaben. Neerpasch legt Phillips einen Vertrag vor, den dieser so nicht akzeptieren kann. Mittlerweile hat Schumacher einen so genannten Letter of Intent unterschrieben, in dem er erklärt:

Dafür, dass ich den belgischen Grand Prix fahre, unterschreibe ich einen Vertrag, der genauso ist wie der, den man mir vor Monza angeboten hat.

Der Text war in englischer Sprache verfasst, und der gewitzte Neerpasch hatte sich ein kleines Wortspiel ausgedacht: Aus »the contract« machte er »a contract«. Phillips fällt dies sofort auf, und er beschwert sich bei dem Mercedes-Mann. Dieser besteht jedoch darauf und macht deutlich, dass dies der einzige Vertrag ist, den sein Unternehmen unterzeichnen wird. Außerdem bekommt Phillips zu hören, dass Michael Schumacher gerade krank sei. Kurze Zeit später findet das Jordan-Team heraus, dass es Michael so schlecht nicht gegangen sein kann – er saß nämlich bereits heimlich Probe im Cockpit des Benetton-Ford.

Am Dienstagmorgen, fünf Tage vor dem Rennen in Monza, flattert Eddie Jordan ein Fax ins Haus, in dem Schumacher sich entschuldigt: »Sorry Eddie, I cannot proceed.« (Tut mir Leid Eddie, aber ich kann nicht weitermachen.) Der Stress aber geht weiter: Benettons zweiter Fahrer, Roberto Moreno, hat inzwischen eine einstweilige Verfügung erwirkt, die besagt, dass Schumacher nicht im Benetton fahren darf. Nach weiteren Streitgesprächen, teilweise bis tief in die Nacht, ist das Tauziehen letztendlich beendet, und Michael Schumacher sitzt tatsächlich im Benetton-Ford – zur großen Freude von Chef Flavio Briatore.

Der Formel-1-Einsteiger kommt mit seinem neuen Dienstwagen bestens zurecht und erreicht prompt Startplatz sieben, noch vor seinem Teamkollegen, dem dreimaligen Weltmeister Nelson Piquet. Das Rennen beendet Schumacher als Fünfter und fährt somit seine ersten beiden WM-Punkte für Benetton ein. Zu dieser Zeit hatte Schumacher zwei Verträge. Einen mit seinem neuen Arbeitgeber Benetton (datiert bis 1995) und einen Kontrakt mit Sauber-Mercedes, der besagt, dass Schumacher freigestellt werden muss, sobald dieses Team in die Formel 1 einsteigt.

Die vier Weltmeistertitel des Michael Schumacher

1994, 1995, 2000 und 2001 – mit zwei »Doppelschlägen« hat sich Michael Schumacher in den Olymp der Formel 1 katapultiert. Sein erster Titelgewinn geriet auch gleich zum Kuriosum. Im Benetton-Ford lässt der Kerpener seinen ärgsten Widersacher Damon Hill (England) 1994 mit einem einzigen Punkt Vorsprung hinter sich, und das, obwohl er aufgrund von Sperren und Disqualifikationen vier Grand Prix weniger fährt. Dass dies kein Zufallsprodukt war, stellt der »Meister« sogleich in der darauf folgenden Saison eindrucksvoll unter Beweis: 1995 verteidigt er seinen Titel als jüngster Fahrer aller Zeiten. Bereits zwei Rennen vor Saisonende hat er sich 33 Punkte Vorsprung auf Hill herausgefahren und ist von dem Briten somit nicht mehr einzuholen. Als erster Deutscher gewinnt er in dieser Saison außerdem die beiden »Heimspiele« in Hockenheim und auf dem Nürburgring.

Es folgt der Wechsel zu Ferrari für die Rekordgage von rund 20 Millionen Euro. Die durchwachsene Saison 1996 beendet Schumacher als Dritter. Ferrari verlängert den Vertrag mit »Don Michèle« bis einschließlich 1999 und hebt das Jahressalär auf 25 Millionen Euro an. Es folgen drei weitere Jahre ohne Titel: 1997 und 1998 – das eine erneute Vertragsverlängerung mit sich bringt – wird »Schumi« Vizeweltmeister, 1999 sieht es für den »roten Teufel« ganz finster aus: Nach einem schweren Unfall am 11. Juli in Silverstone scheidet er vorzeitig aus dem Titelrennen aus. Schumacher erleidet einen doppelten Beinbruch und muss sechs Grand Prix pausieren. In den letzten beiden Saisonrennen in Malaysia und Japan gelingt dem Kerpener jedoch ein sensationelles Comeback. Er passiert die Ziellinie jeweils als Zweiter und beendet die Saison trotz des großen Handicaps immerhin als Fünfter.

Die legendäre Saison 2000 gerät zum großen Duell zwischen Schumacher und dem aktuellen Weltmeister, dem McLaren-Mercedes-Piloten Mika Häkkinen aus Finnland. Nach fünf Saisonsiegen sieht zunächst alles nach einem deutschen Weltmeister aus, doch der schweigsame Blonde aus dem hohen Norden schlägt zurück. Mit weiteren Erfolgen in Monza und Indianapolis übernimmt jedoch wieder Schumacher das Ruder, und dann passiert das schier Unglaubliche: Ein Rennen vor dem Saisonfinale steht Schumacher bereits als Weltmeister fest. Nicht nur in Deutschland, auch in

Zwei Männer sehen rot: Ralf feiert mit seinem großen Bruder dessen dritten Titelgewinn, den ersten mit Ferrari

Italien, der Heimat von Ferrari, stehen die Fans Kopf und feiern den ersten Titelgewinn seit 1979, als der Südafrikaner Jodie Scheckter in Rot Weltmeister wurde.

Völlig aus dem Häuschen gerät die italienisch-deutsche Fangemeinde, als Schumacher 2001 noch einen Titel nachlegt und bereits beim Großen Preis von Ungarn vorzeitig alles klarmacht – 43 Punkte Rückstand sind für den Briten David Coulthard (McLaren-Mercedes) nicht mehr aufzuholen. Mit seinem vierten Titelgewinn nach 1994, 1995 und 2000 hat der Deutsche nun mit Alain Prost in der Rangliste der größten Weltmeister aller Zeiten gleichgezogen. In Italien steht derweil kollektives Fangeschrei auf dem Programm, zumal Ferrari in diesem Jahr nicht »nur« den Weltmeister stellt, sondern auch noch den Konstrukteurstitel gewinnt. Und es steigt am 19. August die längste Strandparty aller Zeiten. Von den Strandbädern an der Adria bis hinunter in den Süden des Landes und wieder hinauf über die Amalfi-Küste und die ligurischen Strände bis zur Riviera an der Grenze zu Frankreich feiern Millionen Tifosi »Grande Schumi«. Maranello, Ferraris Heimatstadt, gleicht einem riesigen, roten Fahnenmeer. Autoschlangen fahren hupend durch die Straßen, pendeln zwischen Ferrari-Werk und Kirchplatz, um von Don Alberto Bernardoni zum Zeichen des Triumphes die Festglocken zu fordern. Dass viele Autofahrer ihren Siegesrausch mit alkoholischen Getränken versüßen, stört ausnahmsweise niemanden – die italienischen Polizisten drücken an diesem »Nationalfeiertag« gern ein Auge zu und mischen sich lieber unter die entfesselten Massen.

Auch in Deutschland herrscht der Ausnahmezustand, zu allererst selbstverständlich in Kerpen, wo vornehmlich rotbemützte Fans ihren »Mischael« hochleben lassen. 2000 Menschen haben sich in der örtlichen Jahnhalle versammelt und schmettern – unter fachkundiger Anleitung von »Onkel Jürgen« Drews – »Schumania«, die Weltmeister-Hymne für den größten »Sohn« der Stadt. Sekunden nach der Siegerehrung in Ungarn kreuzen die ersten hupenden Autos durch die Straßen. Einige Fans sitzen Fahnen schwenkend und bierselig auf den Dächern der PKWs und gröhlen: »Mischael is dä Jrößte!« Mittendrin im kollektiven Freudentaumel auch Kerpens Bürgermeister Hermann Valkysers, der begeistert kundtut, stolzer Besitzer einer »Schumi-Kappe mit Originalunterschrift von Michael« zu sein. Seine Augen beginnen zu funkeln, als er hinzufügt: »Gerade habe ich im Internet gesehen, dass dafür schon 2000 bis 3000 Mark geboten werden.«

Michael Schumacher ist der Allergrößte, ein Übermensch, ein gottgleiches Wesen – darin sind sich die Italiener und die Einwohner Kerpens an diesem Tag einig. »Don Michèle« selbst findet im Moment des Triumphes zwar nur wenige, wenn auch ungewöhnlich emotionale Worte. »Ich liebe euch alle, ihr seid ein großartiges Team«, schickt er in der letzten Runde in Budapest per Boxenfunk an die Adresse von Jean Todt und Co. Die heile Welt ist vollkommen. Ferraris zweiter Fahrer Rubens Barrichello sagt nach dem Rennen: »Ich bin stolz, Michaels Teamkollege und ein Teil von Ferrari zu sein!« Ferrari-Präsident Luca di Montezemolo gibt zum Besten, »dass in unserer DNA die Herausforderung und die Siegeslust ist«, und vergleicht Schumacher mit der »Spitze eines Diamanten«.

Die allgemeine Begeisterungswelle schwappt bis in die hohen Hallen der Politik über. Bundeskanzler Gerhard Schröder gratuliert: »Nur ganz wenige Rennfahrer haben den Formel-1-Sport so geprägt wie Sie. Ihre Ausnahmestellung haben Sie mit Ihrem vierten Weltmeistertitel eindrucksvoll unter Beweis gestellt.« Und in der Heimat der »Scuderia« überschlägt sich die Presse, die dem teutonischen Rennfahrer nicht immer wohl gesonnen war. »Dieser perfekte und manchmal wieder so menschliche Deutsche hat Italien einen Mythos zurückgegeben. Er ist jetzt ein Italiener«, schreibt die

Michael Schumacher, zum vierten Mal Weltmeister, inmitten seines Teams

»Gazetta dello Sport«. Die Superlative für den deutschen Vollgas-Helden kennen seit 2001 und dem vierten Titelgewinn keine Grenzen mehr.

Nach dem letzten Rennen der Saison im japanischen Suzuka hatte Michael Schumacher in souveräner Manier mit nunmehr 801 WM-Punkten als erster Fahrer die magische 800er-Schallmauer durchbrochen und auch in dieser Statistik den Franzosen Alain Prost (798,5 Punkte) hinter sich gelassen. Die 123 Zähler, die »Schumi« allein in der Saison 2001 eingefahren hatte, bedeuteten ebenfalls Weltrekord. »Es war sicher das perfekte Ende einer perfekten Saison«, resümierte der vierfache Champion hochzufrieden.

Trotz all dieser Superlative wurde der Rheinländer am Ende doch noch von so etwas wie Wehmut heimgesucht. Nicht zuletzt deshalb, weil sein langjähriger Rivale Mika Häkkinen sich in die »Baby-Pause« verabschiedet und beim vorerst letzten gemeinsamen Rennen auch noch den Sprung auf das Podium verpasst hatte. Der Finne belegte den undankbaren vierten Platz, und »Schumi« hätte ihm einen glücklicheren Ausstieg sicher von Herzen gegönnt. Außerdem war Schumachers Teamkollege Rubens Barrichello im Kampf um die Vizeweltmeisterschaft gegen den Schotten David Coulthard auf McLaren-Mercedes absolut chancenlos gewesen. Aber so ist ein Perfektionist wie Michael Schumacher eben. Auch wenn es noch so gut läuft, rundherum zufrieden ist er – zumindest in sportlicher Hinsicht – nie.

Mit »Bleifuß« ins Ausland

So sehr die Schumacher-Brüder in ihrem Heimatland auch verehrt werden, eines nehmen ihnen viele Menschen übel: die Flucht vor dem deutschen Fiskus. Kein Büroangestellter und auch kein Fabrikarbeiter könnte es sich jemals erlauben, Tag für Tag aus dem Ausland anzureisen, um hier seiner Arbeit nachzugehen. Für »Familie Vollgas« ist das allerdings überhaupt kein Problem. Mit ihren Privatjets lassen sie so manche Staatsgrenze schneller hinter sich als der geneigte Autofahrer den Hamburger Elbtunnel.

Das nennt man gemeinhin legale Steuerflucht. Und auch wenn Michael und Ralf Schumacher in vielen Bereichen als Vorbilder fungieren, ist ihre Einstellung, was das Zahlen von Steuern angeht, wenig heldenhaft. Der Sportausschuss des Bundestages hat das »Sich-Drücken« der schwerreichen Brüder bereits öffentlich gerügt. Michael Schumacher, seit Jahren in der Schweiz sesshaft, begründet seine Abkehr so: »Wir haben ein

Steuersystem, das viel zu hoch und zu chaotisch ist.« Sein kleiner Bruder Ralf, mittlerweile ebenfalls ein Großverdiener, bläst ins gleiche Horn: »Deutschland ist wunderschön, aber die Steuergesetze sind ein Dschungel.« Auch Mutter Elisabeth hat sich bisweilen in die Diskussion eingemischt und sich vor ihre »armen« Söhne gestellt: »Schuld ist doch vor allem das Finanzamt. Wenn das mit den Steuern großzügiger gehandhabt würde, müssten die zwei nicht so weit wegziehen.«

Michael Schumacher hat nie einen Hehl daraus gemacht, dass es bei seiner Auswanderung nicht zuletzt ums Finanzielle ging. An der Schweiz habe ihn auch gereizt, »dass ich ein vernünftiges Steuerabkommen aushandeln konnte«. Der Deal hat sich gelohnt, denn bei den Eidgenossen genießt »Don Michèle« den Status eines nicht Erwerbstätigen – es gibt dort keine Formel 1-Strecke. Weil er sein Geld also ausschließlich im Ausland verdient, muss der ältere Schumacher nur eine so genannte Niedrigsteuer abführen. Solche Privilegien sind ursprünglich für Frührentner gedacht, und davon ist Michael bekanntlich noch ein gutes Stück entfernt.

Experten schätzen die Summe, die Michael Schumacher jährlich auf das Konto des Schweizer Finanzamtes überweist, auf rund eine Million Euro. Ein lächerlicher Betrag, wenn man bedenkt, dass in seinem Heimatland gut 50 Millionen fällig wären. Auch Bruder Ralf wanderte in die Fremde aus und häuft dort einen um den anderen Spargroschen an. In Österreich ist das kein Problem, der schnelle Deutsche ist ein gern gesehener Gast. Für Großverdiener wie »Rolex-Ralle« wurde jüngst das Einkommenssteuergesetz geändert. Der kleine »Schumi« wird seither vom Finanzminister höchstpersönlich betreut, und der meint es gut mit ihm. Konkret heißt das, dass man sich in einer Verhandlung auf eine Lösung geeinigt hat, die für beide Seiten tragbar ist.

Umso wohler fühlt sich Ralf nun in Österreich und lässt in Richtung Heimat klipp und klar verlauten: »Solange die Steuergesetze so sind, wie sie sind, werde ich nicht nach Deutschland zurückkehren.« Und Michael gab jüngst in einem Interview zu bedenken: »Wenn Sie genügend Geld verdienen würden, würden Sie es doch auch so machen. Das macht doch jeder.« Manager Willi Weber gibt seinem Schützling volle Rückendeckung und erklärt, dass Michael doch blöde sei, wenn er nach Deutschland zurückkäme und über 50 Prozent Steuern zahlen müsste. »Ich kann Schumacher nur gratulieren, dieses Land verlassen zu haben ...«

Derart abgepolstert erholen sich die deutschen Superstars doch gleich viel besser in den weitläufigen Villen ihrer ausländischen Anwesen von den Strapazen ihres nervenaufreibenden Berufes. Michael ist es mittlerweile zu eng geworden in seiner 15-Zimmer-Villa in Vufflens-le-Château nahe Genf. Er erwägte zunächst einen Umzug ins idyllische Nottwil im Kanton Luzern, wo er sich gemeinsam mit seiner Gattin bereits einige Grundstücke angesehen hat. »Er möchte dort hinziehen, damit seine Kinder eine deutschsprachige Schule besuchen können«, sagt Willi Weber.

Geplant ist nicht nur der Bau eines feudalen Herrenhauses; Tierfreund Schumacher will auch die Pferde seiner Ehefrau Corinna gut bedacht wissen. Sie besitzt mehrere Vierbeiner, die perfekt in die ländliche Atmosphäre passen würden. Außerdem pocht die gelernte Bürokauffrau auf eine eigene Pferdezucht. Eine Landeerlaubnis für seinen Privatjet auf dem benachbarten Militärflughafen in Emmen hat »Schumi« bereits beantragt.

Doch ganz so einfach geht das nicht, auch nicht für einen Michael Schumacher. Zwar locken gleich mehrere Schweizer Gemeinden den Superstar der Formel 1 mit Privilegien, aber auch der gemeine Bürger macht von seinem Mitspracherecht Gebrauch. »Der kann sein Geld behalten«, schimpfte eine Luzerner Bäuerin, nachdem »Schumi« sich eines Tages ihr Anwesen mit Blick auf den Sempacher See und die Alpen angeschaut hatte. Von der regionalen Wirtschaftsförderung hatte die Bauernfamilie zuvor lediglich erfahren, dass ein Prominenter mal vorbeischauen würde – »ich fühlte mich total überrumpelt«, erinnert sich die Einwohnerin.

Mittlerweile hat die Gemeinde Nottwil ein anderes Traumgrundstück, die »Tannenfels-Matte«, aus dem Hut gezaubert. Doch auch hier gibt es Probleme. Um Schumacher das Bauen auf dem idyllischen Fleckchen Erde zu ermöglichen, müsste das Grundstück erst »umgezont« werden, denn noch hat es den Status einer Landwirtschaftszone. Für ein solches Unterfangen ist allerdings – »Schumi« hin oder her – eine Mehrheit in der Gemeindeversammlung nötig. Um das Ansinnen des Ferrari-Piloten möglichst schnell und reibungslos in die Tat umzusetzen, hat die Gemeinde eigens eine vierköpfige Task-Force gegründet.

Erste Rückschläge mussten der reiche Bauherr und seine Gattin trotz der Task-Force bereits einstecken. So schmetterte Verteidigungsminister Samuel Schmid eine Ausweitung der zivilen Nutzung des Militärflugplatzes in Emmen ab. Diese wäre jedoch für Starts und Landungen von Schumachers Privatjet nötig gewesen. Außerdem brodelt es in der Nachbarschaft gewaltig. Viele Anwohner befürchten einen Ansturm fanatischer »Ferraristi«, die die einzigartige Ruhe in dem idyllischen Örtchen nachhaltig stören würden.

Doch so leicht gibt »Schumi« nicht auf. Inzwischen rühmt sich die Gemeinde Wolfhalden im Kanton Appenzell-Ausserrhoden, in Sachen Schumacher »derzeit die Pole-Position« zu halten. Die Verhandlungen mit den Besitzern der infrage kommenden Liegenschaften seien bereits weit vorangeschritten, heißt es, der vierfache Weltmeister habe auch schon einen Architekten mit einer Projektstudie beauftragt. Für den Einsatz seines Privatjets könnte »Schumi« den Flugplatz Altenrhein im Kanton Sankt Gallen nutzen.

Unterdessen hat die Umweltschutzorganisation WWF Schumacher darauf hingewiesen, dass sein Bauvorhaben in Wolfhalden das Landschaftsbild beeinträchtigen und den Wildwechsel stören könnte. Der WWF hat den Star deshalb aufgefordert, sich an einem Naturschutzprojekt zu beteiligen. In diesen »sauren Apfel« sollte Tierfreund Schumacher allerdings gern beißen, schließlich geht es in erster Linie um den Bau seines neuen Anwesens.

Auch Ralf Schumacher zählt sich zu der Spezies Tierfreund. Jüngste Anschaffung ist »Willy«, ein Deutsch-Langhaar, den er von Cora zum Geburtstag geschenkt bekommen hat. Sein im Jahre 2000 in Indianapolis erworbenes Rennpferd hat Ralf in »Danny« umgetauft – ursprünglich hatte es »Dandy« geheißen. Zum Privatzoo des Rennfahrers zählen außerdem Stier »Vincero« und drei Kühe samt Kälbern.

Dass es die schnellen Brüder in ausländische Steueroasen gezogen hat, ist angesichts ihrer utopisch anmutenden Gehälter nicht besonders verwunderlich. Wer viel verdient, hat in Deutschland auch viel abzugeben. Michael Schumacher rangiert mit einem Jahreseinkommen von geschätzten 50 Millionen Euro unangefochten auf der Pole-Position der deutschen Sportler. Er lässt sich seine Gagen übrigens in harten US-Dollars auszahlen.

Sein Bruder Ralf ist mit rund 14 Millionen Euro auch nicht gerade ein Waisenkind und wird seine Einnahmen in den nächsten Jahren sicher noch deutlich nach oben schrauben. Auch Heinz-Harald Frentzen geht es nicht wirklich schlecht, er wird auf rund neun Millionen Euro jährlich taxiert.

Lediglich ein deutscher Sportsmann hat das Zeug dazu, annähernd in Michael Schumachers Sphären aufzusteigen, und das ist der Basketballer Dirk Nowitzki, der seine Brötchen in der nordamerikanischen Profiliga NBA verdient. Hatte das »German Wunderkind« dort 1998 noch für ein Salär von gut 1,8 Millionen Euro angeheuert, durchbricht der schlaksige Blonde nun eine Schallmauer. Der 23-Jährige hat einen Sechsjahresvertrag unterschrieben, der ihm die gigantische Summe von 100 Millionen Euro einbringt. Das sind immerhin rund 16,5 Millionen Euro pro Jahr.

Die Schumachers – Die nächste Generation

Es ist Montag, der 23. Oktober 2001, exakt 15.25 Uhr. Im Kreißsaal des Salzburger Diakonissenkrankenhauses erblickt ein Junge das Licht der Welt, 50 Zentimeter groß, 2600 Gramm schwer. Er ist das erste Kind des Ehepaares Ralf und Cora Schumacher, die erst gut zwei Wochen zuvor, am 5. Oktober, in aller Heimlichkeit geheiratet haben. Der Geburtstermin war für Mitte November errechnet worden, der Junge ist also etwas früh dran, aber wohlauf. Per Kaiserschnitt wird er auf die Welt geholt.

Ralf hat alles aus nächster Nähe miterlebt, er stand seiner Frau während der Geburt zur Seite und resümierte noch an Ort und Stelle: »Es ist der schönste Tag in meinem Leben.«

Suzuka 2001: Ralf Schuhmacher in Aktion

Sein Bruder Michael ließ über seine Homepage verlauten, dass auch Corinna und er sich für Ralf und Cora freuen, vor allem, weil alles gut verlaufen ist. »Und ich denke, ich kann sagen, dass sich auch Gina-Maria und Mick schon auf ihren neuen Spielkameraden freuen. Ein Kind ist einfach die schönste Sache der Welt«, jubilierte der vierfache Champion.

Ralf Schumacher ist auch im Privatleben von der schnellen Sorte. Zum ersten Mal hatte er seine neue Herzdame Anfang 2001 bei der Vierschanzentournee in Bischofshofen der Öffentlichkeit präsentiert. Kurz darauf verriet er der »Bild«-Zeitung: »Es ist ernst, ich liebe sie.« Zu dieser Zeit muss sich »Schumi II« bereits ernsthaft mit der Familienplanung auseinander gesetzt haben, Sohn David ist der lebende Beweis.

Cora Brinckmann, gelernte Bürokauffrau aus Langenfeld (46 000 Einwohner) bei Leverkusen, hatte, bevor sie ihren reichen Lover kennen lernte, noch auf der Jet-Tankstelle ihrer Eltern gejobbt. Nun ließ sie ihrem Sohnemann – wie es sich für eine Mami aus gehobenen Kreisen gehört – ein schnuckeliges Kinderzimmer einrichten. Dem Kleinen soll es von Anfang an so gut wie nur irgend möglich gehen, und die frisch gebackene Mutter freut sich ebenso über den kerngesunden Nachwuchs wie über den Umstand, dass ihr Bauch wieder auf Normalgröße geschrumpft ist. Einige Paparazzi-Fotos, die Cora hochschwanger im Bikini zeigten, waren der ebenso hübschen wie eitlen Schumachergattin doch ziemlich unangenehm gewesen.

Mit der Namensfindung für ihren Nachwuchs hatten sich Ralf und Cora schwer getan. »Das war nicht leicht, wir haben hin und her überlegt«, gestand der stolze Vater am Tag nach der Geburt. Mutter Cora hatte sich sogar eigens ein Vornamen-Buch zugelegt, doch das half auch nicht weiter. Schließlich einigte man sich einvernehmlich auf den Namen David, einen Vorschlag Coras. Robin und Collin standen ebenfalls zur Debatte. Fünf Tage nach der Geburt – die Kaiserschnittnarbe musste erst verheilen – durften Mutter und Kind das Diakonissenkrankenhaus in Richtung Hallwang verlassen.

Dort wächst der Kleine wohlbehütet und im allerfeinsten Ambiente auf. Die weiße Türmchenvilla seiner Eltern im Ortsteil Mayrwies hat 650 Quadratmeter Wohnfläche, 30 Zimmer, drei Badezimmer, einen Wintergarten, ein 50-Quadratmeter-Hallenbad mit Wellness-Bereich, eine riesige Terrasse und eine Tiefgarage, in der per Hebebühne bis zu fünf Autos ins Souterrain verfrachtet werden können. Der kleine David nennt gleich zwei geräumige Zimmer und ein Bad sein eigen. Draußen im idyllischen Gartenteich quaken die Frösche. Das weitläufige Grundstück liegt mitten im Grünen, in der näheren Umgebung gibt es einen Metzger, eine Drogerie und ein paar Wirtshäuser, ansonsten ist in Mayrwies »der Hund begraben«, wie man so sagt.

Aber genau diese Abgeschiedenheit wollen Cora und Ralf für sich und ihren Sohn. »Ruhig und ohne Rummel. So normal wie möglich«, so Cora. Monte Carlo, wo sie noch kurz zuvor mit Ralf residierte, hatte der Bürokauffrau nicht gefallen: »Dort sitzt du doch nur im Apartment und um dich rum nur Hochhäuser.« Wenn sie jetzt aus dem Fenster schaut, sieht sie Berge, saftige Wiesen und Wälder.

Mit Sohn David ist Ralf Schumacher geradewegs in die Fußstapfen seines großen Bruders getreten, allerdings hat der temperamentvollere der »Schumis« mit seinem Vaterdasein früher angefangen. Zur Geburt seines ersten Kindes ist er 26 Jahre alt. Michael war bereits 28, als seine Tochter Gina-Maria zur Welt kam. Zwei Jahre später hatte seine Ehefrau Corinna Stammhalter Mick geboren, der inzwischen drei Jahre alt ist. Angesichts der vielen Parallelen in den Lebensläufen der schnellen Brüder ist es wohl nur eine Frage der Zeit, wann Ralf und Cora ihr nächstes Kind zeugen werden. Man habe schließlich ausreichend Platz zu Hause – »da könnte problemlos noch was nachkommen«, bemerkt Ralf Schumacher. David hatte für den frisch gebackenen Vater von Anfang an absolute Priorität, sodass Ralf schon nach kurzer Zeit in der Lage war, ihn »ziemlich gut« zu wickeln.

Dass Vaterfreuden allzu oft mit Schlaflosigkeit einhergehen, musste auch Ralf Schumacher am eigenen Leib erfahren: »Zum vollkommenen Glück fehlt mir nur der Luxus, mal wieder so richtig auszuschlafen.« Im Schnitt müsse man dreimal pro Nacht aufstehen, um den kleinen Schreihals zu beruhigen. Ehefrau Cora und er haben sich deshalb auf »Arbeitsteilung« geeinigt.

Ob die Kinder der Schumacher-Brüder die Rennfahrer-Gene von ihren Vätern vererbt bekommen haben und eines Tages selbst in der Königsklasse des Motorsports unterwegs sind, wird sich zeigen. Michael zumindest will seinem Sohn Mick da nicht hineinreden: »Wenn mein Sohn das so für sich feststellt, werde ich ihm keine Steine in den Weg legen. Ich werde es aber nicht von vornherein unterstützen und ihn unbedingt dort hinführen. Wenn ich meinen Bruder bei einem Rennen sehe, wird mir ganz mulmig. Ich möchte nicht wissen, wie das wäre, wenn mein Kind da drin sitzen würde.«

Relativ realistische Chancen, eines Tages »Schumi III« zu werden, hat ein anderer junger Mann. Er heißt Sebastian Stahl, ist 23 Jahre alt, der Sohn von Rolf Schumachers Freundin Barbara Stahl und somit eine Art »Stiefbruder« von Michael und Ralf. Neben äußerlichen Parallelen – Sebastian sieht »Familie Vollgas« mit seinem länglichen Gesicht und der gegelten Frisur tatsächlich ähnlich – gibt es noch andere Gemeinsamkeiten: 1992 und 1993 wurde er Clubmeister, in den beiden darauf folgenden Jahren gewann er den Winterpokal auf der Kartbahn in Kerpen-Mannheim, exakt an dem Ort, an dem auch Michael und Ralf ihre ersten motorsportlichen Erfolge feierten.

Beflügelt von den Kart-Erfolgen wechselte Sebastian Stahl 1996 in die Formel König, wo ihm ein Jahr später eine um wenige Millimeter zu breite Spur zum Verhängnis wurde. Die Folge: sechs Rennen Sperre. Das war der bislang schwerste Schlag in der Karriere des damals 18-Jährigen. So versuchte er sich im New Beetle Cup, mit mittelmäßigem Erfolg. Mittlerweile zieht es den Nachwuchsfahrer aus Königswinter zurück in den Formel-Sport, doch das ist kein billiges Unterfangen, und für eine komplette Saison in der Formel Renault fehlt es Sebastian Stahl momentan noch am nötigen »Kleingeld«.

Laut verschiedener Presseberichte hat diese unglückliche Situation nun auch den viermaligen Formel-1-Weltmeister Michael Schumacher auf den Plan gerufen, der seinem Vater angeboten haben soll, dessen Stiefsohn finanziell zu unterstützen. »Wir ziehen den Sebastian mit, jetzt kommt eben Schumi III«, so der Superstar des Motorsports.

Mittlerweile trainiert Sebastian Stahl hart für seine Karriere – selbstverständlich sind die wertvollen Tipps des großen »Don Michèle« da herzlich willkommen.

»Ich beneide Michael als Rennfahrer um nichts«

Ralf Schumacher ist seit seiner Zeit in der Formel 3 bekannt dafür, ein ausgeprägtes Ego und manchmal auch ein loses Mundwerk zu besitzen. Tatsächlich wird sein ganzes Auftreten oft als arrogant empfunden – Ralf ist eben keiner, der sich verstellt, und er sagt, was er denkt. Der Spruch »Ich beneide Michael als Rennfahrer um nichts« (April 2001) ist so ein Beispiel. Da kommt ein aufstrebender Formel-1-Pilot daher und beneidet den besten Rennfahrer im Circuit um nichts. Nicht um seine Perfektion, nicht um seine Weltmeistertitel, nicht um seinen Fleiß.

Viele Kritiker haben Ralf damals Größenwahn unterstellt, und das ist angesichts solch unkluger Aussagen durchaus nachvollziehbar. Wie es aussieht, wird man sich daran gewöhnen müssen, dass sich der egozentrische »Schumi II« mit schöner Regelmäßigkeit verbal ins Abseits schießt. Man sollte ihm allerdings zugute halten, »dass mich das Gerede von Klein-Schumi genervt hat«, wie Ralf selber sagt. Insofern ist er ständig bemüht, aus dem Schatten seines großen Bruders herauszutreten, was indes hin und wieder nach hinten losgeht.

Ralf Schumacher ist ein Mann der markigen Worte, einer, der scharf schießen kann. »Wenn einer von uns sagen würde: Ich freue mich, dass der andere schneller ist, wäre das gelogen. Auf der Strecke kenne ich keinen Bruder. Da ist Michael Gegner – und Gegner müssen überholt werden.« Diese eisenharte Aussage hätte einen würdigen Platz in einem Sergio-Leone-Western verdient. Ralf würde sich in der Rolle des lonesome Cowboy sicher gut gefallen. Colt gezogen, scharf geschossen, Colt weggesteckt, davon geritten ...

Er ist keiner, der sich mit der zweiten Reihe zufrieden gibt, und er kann schon gar nicht brauchen, dass ihm jemand das Rampenlicht nimmt. Auch oder erst recht nicht, wenn dieser Jemand sein Bruder ist. »Ich fühle mich nicht in seinem Schatten. Er ist Michael, ich bin Ralf.« Mit dem zweiten Teil dieser Aussage liegt er goldrichtig, aber vielleicht sollte Ralf mal klipp und klar gesagt werden, dass er im Schatten seines Bruders fahren wird, solange er nicht auch vier Weltmeistertitel errungen hat. Es ist sein latenter Hang zur Überheblichkeit, der Ralf Schumacher immer wieder Feinde macht. Doch damit ist er im Formel-1-Business keine Ausnahme; mit nahezu jedem Rennfahrer werden schlechte

Ralf Schumacher im Gespräch mit BMW-Motorsportchef Gerhard Berger

Angewohnheiten in Verbindung gebracht, und Größenwahn ist im Kreise der Großverdiener die geläufigste Macke.

Wie dem auch sei, Ralf Schumacher ist jedenfalls ein Profi und ein ausgekochtes Schlitzohr. »Er weiß, was er im Training verändern muss am Auto. Und jedes Mal wird er schneller dabei«, attestiert ihm Gerhard Berger, ehemaliger Weltklasse-Fahrer und jetzt Motorsportdirektor bei Ralfs Arbeitgeber BMW. Und der jüngere der Schumacher-Brüder hat klare Vorstellungen von der Zukunft, auch was das Duell mit Michael angeht: Er werde nie mit seinem Bruder in einem Team fahren. »Da würde der eine den anderen schlagen, einer wäre immer der Verlierer. Das macht keinen Sinn«, sagt er und fügt als Argument dazu: »Die Klitschkos boxen auch nicht gegeneinander.« Angesprochen auf die Möglichkeit, schon bald Weltmeister werden zu können, gibt sich »Rolex-Ralle« gewohnt selbstbewusst: »Wir wollen Ferrari gefährlich werden und um die WM mitfahren. Hoffentlich klappt das.« Mit dieser klaren Ansage hat Ralf ein neues Zeitalter eingeläutet, und der Bruderkampf scheint 2002 in seine entscheidende Runde zu gehen.

»Schumi« und das Kartfahren – zurück zu den Wurzeln

Michael Schumacher hat seine Wurzeln nie vergessen. Weder die Zeiten auf der Kartbahn in Kerpen noch seine Freunde und Förderer aus der Jugendzeit. Der vierfache Formel-1-Weltmeister und Großverdiener ist trotz seiner einzigartigen Karriere auch ein »Schrauber« geblieben; einer, der für sein Leben gern Motoren frisiert, Vergaser einstellt oder Wasserpumpen austauscht.

Diese Neigung hat der bodenständige Rennfahrer auch Ende Oktober 2001 wieder ausgelebt, als er als Gastfahrer an der Kart-WM auf der heimischen Strecke in Kerpen teilnahm. Mit gewohntem Fleiß und Ehrgeiz hatte sich der Superstar auf die Herausforderung vorbe-

Zurück zu den Wurzeln: Nachdem »Don Michèle« zum vierten Mal Formel-1-Welmeister geworden war, nahm er Ende Oktober an den Kart-Weltmeisterschaften in seiner Heimatstadt Kerpen teil.

reitet: Wochenlanges hartes Training und eine spezielle Diät sorgten dafür, dass der eh schon drahtige »Don Michèle« noch einmal drei Kilogramm abspeckte – »ich musste runter, sonst wäre ich chancenlos gewesen.« Außerdem tunte er sein Rennkart selbst und reduzierte das Gewicht des Gefährts um ganze fünf Kilogramm.

Schumacher ist ein Workaholic, der Spaß und Hobby nur dann in vollen Zügen genießen kann, wenn das Vorhaben mit harter Arbeit verbunden ist und er ein festes Ziel vor Augen hat. Während andere Formel-1-Piloten nach Saisonabschluss zum Urlaub in südliche Gefilde düsten, nutzte Michael die freie Zeit zum Training für die Kart-WM. Seine Frau Corinna begleitete ihn nach Kerpen, und in der Heimat traf der Champion auch Mutter Elisabeth und Vater Rolf wieder.

Mama Schumacher freute sich ganz besonders, »mal wieder mit ihm zu frühstücken«. Michaels Arbeitgeber Ferrari hatte gegen den Abstecher in die alte Heimat übrigens nichts einzuwenden, im Gegenteil, Präsident Luca di Montezemolo hatte seinen Schützling eigens angerufen und ihm Glück gewünscht. »Schumi« dazu: »Es ist schön, dass Ferrari seine Fahrer in ihren Hobbys unterstützt, anstatt sie zu beschneiden.«

»Ich habe schon lange davon geträumt, mal wieder ein richtiges, internationales Kartrennen zu fahren«, sagte der Champion, bevor es auf die Piste ging, und zeigte keinerlei Angst vor einer Blamage. »Ich kann eigentlich nur schlecht aussehen. Wenn ich gewinne, sagt jeder: Das war doch klar. Wenn ich verliere, bin ich der Depp.«

Zum Deppen machte er sich dann aber doch nicht. Zwar begann die Kart-WM für den Kerpener mit einem Dämpfer – nach einem Dreher im Qualifying musste der Superstar von Platz 16 starten – doch der Ferrari-Pilot fuhr wie entfesselt bis auf Platz drei vor, bevor sein Kart die Randsteine streifte und die Achsen brachen. Im zweiten Rennen hatte der Lokalmatador dann seinen großen Auftritt und fuhr vor den Augen von 10 000 begeisterten Fans ganz weit nach vorne. Am Ende belegte Schumacher Platz zwei hinter dem 19-jährigen Weltmeister Liuzzi aus Italien.

Im Ziel angekommen reckte der Formel-1-Champion die Faust empor und überraschte das Publikum mit einer gewagten Pirouette in seinem Kart. »Es hat Spaß gemacht und war eine Herausforderung für mich. Es ist immer schwerer, zurück als nach vorne zu gehen. Schon seit Jahren wollte ich wieder einmal Kart fahren«, gab der zufriedene Zweitplatzierte nach dem Rennen zu. Eigentlich sollte »Schumi« nur als Zugpferd dienen und die Veranstaltung anschieben. Der Kerpener hatte in seiner für ihn typischen Art jedoch gleich klargestellt: »Wenn ich das tue, dann fahre ich auch mit!«

Seine Funktion als Zugpferd erfüllte der Kerpener perfekt. Rund 200 Journalisten und 13 Kamerateams waren an die Rennstrecke gekommen, sogar aus Kanada und Malaysia waren Pressevertreter angereist. Alle wollten sehen, wie der große Michael Schumacher zu seinen Wurzeln zurückkehrte. Auf dem Erftland-Motodrom hatte einst seine Karriere begonnen, hier drehte Klein-Schumi seine ersten Runden.

Aus dem talentierten Steppke von damals ist der viermalige Weltmeister der Formel 1 geworden, und auch sein Manager Willi Weber war gerührt: »Zurück zu den Wurzeln, das gefällt mir. Michael hier fahren zu sehen erinnert mich sehr daran, wie vor zwölf Jahren alles angefangen hat.«

Die anderen WM-Teilnehmer waren vom sympathischen Auftritt des Ferrari-Mannes schlichtweg beeindruckt. Der ehemalige Formel-1-Fahrer Keke Rosberg, dessen 16-jähriger Sohn Nico direkt hinter Schumacher die Ziellinie passierte, formulierte es so: »Die Jungs waren begeistert. Der hat sich in die Kiste gesetzt, gehörte dazu. Jeder sah: Der wollte keine Extrawürste.«

Wollte er auch nicht, denn wie »Schumi« anschließend betonte, ging es ihm um den puren Spaß an der

Sache: »Kartfahren ist für mich Freude, Freizeit, Urlaub. Da gibt es keinen Druck, keine Verpflichtungen, keine Erwartungen, sondern nur reinen Fahrspaß. Kartfahren ist nun mal meine Leidenschaft.« Das spürte auch Maximilian Götz, der einzige andere Deutsche im Starterfeld: »Es ist unglaublich, wie er mit uns umgegangen ist, wie ein echter Kumpel.«

»Don Michèle« spürte allerdings deutlich, wie er alles um sich herum überstrahlte. »Die anderen Fahrer trauen sich nicht, mich anzusprechen, das merke ich schon«, sagte er. Das ist auch nicht besonders verwunderlich, zumal das Durchschnittsalter der Fahrer bei 20 Jahren lag und Schumacher mit seinen 32 Lenzen ganz klar der »Oldie« unter den Teilnehmern war. Außerdem: Welcher Jugendliche traut sich schon, »Mister Ferrari« bei der Arbeit zu stören?

Schumacher, der nach getaner Arbeit sogleich seine kräftezehrende Diät beendete, gönnte sich nach Wochen der Abstinenz erst einmal ein großes Weißbier und verkündete glücklich: »Jetzt freue ich mich auf meinen Urlaub.« Endgültig beendet war die Terminhatz indes noch nicht. Direkt nach dem letzten Rennen stand der Abflug nach Italien zu einem Fußballspiel zu Gunsten der Welthungerhilfe auf dem Programm des vierfachen Formel-1-Weltmeisters. Den Kultstatus, den der Megastar in Kerpen sowieso schon genießt, hat er mit seinem »erdigen« Auftritt bei der Kart-WM sicher noch einmal um ein paar Punkte nach oben korrigiert.

Er war nach Kerpen gekommen, weil er einfach große Lust verspürte, mal wieder im Kart seine Runden zu drehen und selbst am Motor des kleinen Flitzers herumzuschrauben. Ohne jegliche Allüren genoss es der Superstar, endlich wieder die Luft des Motodroms und die seiner Jugend in sich aufzusaugen. Wahrscheinlich muss man so sein, wenn man eine unvergleichliche Karriere wie die des besten Rennfahrers der Welt hinlegen will.

Im Gegensatz zu den Schumacher-Brüdern – Ralf war direkt nach dem Rennen in Suzuka zu seiner hochschwangeren Cora gedüst – ließen die anderen Formel-1-Piloten die Saison traditionell in den Karaoke-Hütten am Rande der Rennstrecke ausklingen, was sich in Japan geradezu aufdrängt, da die Piste inmitten eines gigantischen Freizeitparks liegt. So auch Formel-1-Aussteiger Mika Häkkinnen, der gemeinsam mit seiner Frau Erja und seinem Silberpfeil-Nachfolger Kimi Räikkonen bis zum Morgengrauen durchfeierte.

Hochbetrieb herrschte auch in Hütte Nummer vier, wo Ralfs Teamgefährte Juan Pablo Montoya und Michaels Kollege Rubens Barrichello die Puppen tanzen ließen.

Beim Karaoke stimmten sie »Born to be wild« und »La vida loca« an. Von so viel südamerikanischem Temperament ließen sich auch die BMW-Bosse Gerhard Berger und Mario Theissen sowie Nick Heidfeld und Freundin Patricia gern anstecken. Selbst für den sonst so zurückhaltenden Teamchef Peter Sauber gab es in dieser Nacht kein Halten mehr.

Kann Ralf das Zepter übernehmen?

Der Schotte David Coulthard muss so etwas wie eine Paranoia entwickelt haben, als ihm Ralf beim dritten Saisonrennen 2001 in Imola den Sieg vor der Nase wegschnappte. In Montreal und Magny-Cours feierte »Familie Vollgas« gar triumphale Doppelsiege. Hatte Coulthard bis dato »nur« ein Schumacher das Rennfahrerleben schwer gemacht, musste er nun entsetzt feststellen, dass ein zweiter hinzugekommen war. Dass die unglaubliche Dominanz der schnellen Brüder heftig am Ego des McLaren-Mercedes-Piloten nagt, ist verständlich: Bei den 17 Grand Prix der Saison 2001 hatte der Sieger zwölfmal den Nachnamen Schumacher.

»Die Schumachers sind derzeit die besten Fahrer der Formel 1«, sagt BMW-Sportdirektor Gerhard Berger und kündigt sogleich an: »Nächstes Jahr fährt Ralf um den Titel.« Zweifler mögen diese Aussage als Eigenwerbung abtun – schließlich arbeiten Berger und Ralf Schumacher für dasselbe Team – doch angesichts der abgelaufenen Saison scheint die Prognose durchaus realistisch, obwohl Berger seine Aussage noch relativieren sollte. Doch dazu später mehr. Vor allem Manager Willi Weber reibt sich schon jetzt die Hände, wenn er an die Zukunft denkt: »Ralf hat das gleiche Talent, ist aber jünger. In absehbarer Zeit übernimmt er das Zepter.«

Auch Ralf sieht sich mittlerweile selbst als ernsthafte Konkurrenz für seinen scheinbar übermächtigen Bruder, erst recht seit der Geburt seines Sohnes David: »Er könnte mich schneller machen. Schließlich muss ich jetzt ja für eine Person mehr die Brötchen verdienen, deswegen muss ich schneller sein.« Diese Aussage hat er sicher nicht ganz ernst gemeint, zumal Ralf Schumacher schon jetzt genügend Geld für mehrere Großfamilien verdient. Den sportlichen Angriff auf Michael hat er für die Saison 2002 indes ganz offensichtlich schon verinnerlicht.

Noch aber ist »Don Michèle« unumstrittener König der Formel 1. Und das soll auch so bleiben, so die Maxime der Scuderia Ferrari. Zu diesem Zweck hat das italienische Unternehmen mit dem wilden Rennpferd im Firmenlogo bereits einen nagelneuen Boliden für »Grande Schumi« maßgeschneidert. »Ferrari revolutioniert seine Autos«, jubelte die »Gazetta dello Sport«. Motor und Kupplung sind erstmals in einem einzigen Block untergebracht, die Stabilität des Wagens wurde verbessert und das Cockpit vergrößert. Rund 100 Ferrari-Mechaniker haben so lange an dem roten Flitzer herumgefeilt, bis alles passte. Mit dem High-Tech-Gefährt soll Michael Schumacher nun seinen fünften WM-Titel einfahren, und Ex-Weltmeister Nigel Mansell glaubt: »Die Ära Ferrari hat gerade erst begonnen.«

Pistenduell: Die schnellen Brüder am 16. September 2001 in Indianapolis – fünf Tage nach den verheerenden Terroranschlägen auf das WTC und das Pentagon

Genau das versucht die Konkurrenz natürlich zu verhindern, und auch bei BMW-Williams hat man sich nicht auf seinen Lorbeeren ausgeruht. Rund 3,5 Millionen Euro wurden in die Modernisierung von Ralfs Renner gesteckt. Das Ergebnis lässt hoffen: Der Wagen vom Typ FW 24 soll den stärksten Motor haben, der jemals in der Formel 1 auf die Piste geschickt wurde und gilt schon jetzt als Maßstab für die anderen Motorenhersteller. Das spricht zumindest dafür, dass Ralf Schumacher in der Saison 2002 ein gewichtiges Wort mitzureden hat. »Wir haben einen komplett neuen Motor für die kommende Saison und sind mit unserem Konzept sehr aggressiv vorgegangen, so aggressiv wie in diesem Jahr, und der Motor ist sehr gut geworden«, bestätigt Gerhard Berger. Defizite lokalisiert der ehemalige

Grand-Prix-Fahrer allerdings »ganz klar auf dem Sektor Aerodynamik und Zuverlässigkeit. Da müssen und werden wir im Vergleich zu 2001 aufholen.«

Trotz dieser optimistischen Aussagen schiebt Berger Ferrari – vielleicht auch aus taktischen Gründen – 2002 ganz klar die Favoritenrolle zu. Von einem leichten Spiel für die Italiener will er aber nichts wissen. Seiner Meinung nach stellen Ralf Schumacher und Juan Pablo Montoya eine stärkere Konkurrenz für Michael Schumacher dar als der Schotte David Coulthard. Hinter McLaren-Neuling Kimi Räikkonen macht der BMW-Motorsportchef »ein Fragezeichen. Seine Verpflichtung ist ein aggressiver Schritt.«

Michael gegen Ralf, Bruder gegen Bruder, Ferrari gegen BMW-Williams, Erfahrung gegen junge Wildheit – die Weichen für eine hochspannende Saison sind gestellt, und einem rassigen Bruderkampf steht nichts mehr im Wege.

Doch von einem Bruderkrieg, wie er von den Medien erhofft wird, wollen die beiden indes nichts wissen. Die Diskussion war entfacht worden, nachdem Ralf und Michael 2001 beim Start auf dem heimischen Nürburgring heftig aneinander geraten waren.

Mit einem gewagten Manöver hatte sich der ältere seinen jungen Bruder vom Leib gehalten und ihn dabei fast gegen die Betonmauer gedrängt. Als man Ralf nach dem Rennen auch noch wütend und wild gestikulierend auf seinen Bruder einreden sah, schien die Sache perfekt. Hunderte europäischer Sportjournalisten eilten zu ihren Laptops und hauten das in die Tasten, worauf sie so lange vergeblich gewartet hatten.

»Brüder im Krieg!« hieß es in der englischen »Sun«. Gewohnt drastisch auch die »Bild«, die mit der Schlagzeile »Nach Schumis Brutalo-Start: Bruder Krieg – Ralf tobt« titelte. Sogar die seriöse »Frankfurter Rundschau« mutmaßte, für Michael Schumacher sei Benzin scheinbar dicker als Blut. Diese Liste von Zitaten ließe sich nahezu endlos fortführen, der Tenor war – länderübergreifend – fast immer der gleiche. Wochenlang wurden die Schumacher-Brüder mit Fragen zum Ausgang der »Familienschlacht« traktiert, bis sie sich schließlich auf eine gemeinsame Strategie einigten: Das alles sei eine Erfindung der Medien. Der ganzen Diskussion liege ein Missverständnis zu Grunde, man habe sich immer noch genauso lieb wie vorher, verkündeten Michael und Ralf einvernehmlich.

Dieser konsequente Schmusekurs nahm den »Kriegsberichterstattern« von »Bild« und Co. schließlich den Wind aus den Segeln. Dazu trug nicht zuletzt auch Ralf bei, als er erklärte, er sei überhaupt nicht sauer auf seinen Bruder gewesen, sondern habe sich vielmehr über eine seiner Meinung nach ungerechte Zeitstrafe aufgeregt. Und Michael versicherte, dass sich zwischen Ralf und ihm seit dem Nürburgring nichts verändert habe, basta.

Damit wäre auch dieses Kapitel zu den Akten gelegt – bis zum nächsten Mal. Denn spätestens wenn »Familie Vollgas« das nächste Mal in irgendeiner scharfen Kurve mit den Rädern aneinander gerät oder ein freundliches »Hallo« in ein unfreundliches Abwinken uminterpretiert wird, werden die Gazetten dieser Welt erneut den »Bruderkrieg« heraufbeschwören.

Die Familie: Ruhepol und Kraftquelle

Michael Schumacher ist ein Familienmensch. Mit Corinna Betsch, die er im August 1995 zu Frau Schumacher machte, hat er seine absolute Traumfrau gefunden, wie er in diversen Interviews immer wieder betont: »Corinna ist ein unglaublich wichtiger Fixpunkt in meinem Leben, sie, die Familie sind mir sehr, sehr wichtig.« Die smarte Rheinländerin war noch bis 1991 ständige Begleiterin des jungen Rennfahrers Heinz-Harald Frentzen, bevor sie immer häufiger an »Schumis« Seite auftauchte. Eine Situation, die durchaus mit einem anderen prominenten »Partnertausch« vergleichbar ist. Auch Jessica Stockmann war »ihrer« Sportart treu geblieben und hatte, nachdem ihr Freund Michael Westphal 1990 an Aids gestorben war, einen anderen Tenniscrack mit Namen Michael Stich geehelicht.

Im August 1995 heiratete Michael Schumacher Corinna Betsch, die zuvor mit Heinz-Harald Frentzen liiert war.

Diese Beziehung ist mittlerweile gescheitert, ganz im Gegensatz zur Schumacher-Ehe, die nach wie vor vollkommen intakt ist. Die Rollen sind klar definiert. Corinna ist der ruhende Pol im Hintergrund, der das Familienleben managt, während Michael auf den Rennpisten dieser Welt unterwegs ist. Doch auch die treusorgende Mutter lässt sich nur selten davon abhalten, ihrem Michael vor Ort die Daumen zu drücken. Das Ehepaar Schumacher scheint sich perfekt zu ergänzen, auch wenn es um die Erziehung ihrer Kinder Gina-Maria und Mick geht.

Der Nachwuchs wird konsequent vor den Scharen neugieriger Boulevardfotografen geschützt und soll so normal wie möglich aufwachsen. Das ist für Michael und Corinna eine absolute Selbstverständlichkeit, die auch mit der Wertevermittlung aus ihren eigenen Kindheitstagen zusammenhängt. Auch Corinna stammt aus einfachen Verhältnissen. »Sie ist keine Prinzessin. Sie stammt aus dem gleichen Milieu wie ich.« Ihre Eltern führen ein kleines Fliesenleger-Geschäft im Sauerland, in dem Corinna früher selbst mitgearbeitet hat.

Besonders wichtig für ein funktionierendes Zusammenleben sind für Michael Schumacher die Ähnlichkeit der Interessen und »der Respekt, den man voreinander haben muss«. Von Gegensätzen, die sich anziehen, will er nichts wissen, schließlich hat er im eigenen Elternhaus erfahren, dass so etwas oft nicht funktioniert. Rolf und Elisabeth seien sehr verschieden, hätten das aber lange Zeit nicht bemerkt, weil sie so sehr damit beschäftigt waren, eine Existenz aufzubauen. Erst als sie die finanziellen Sorgen los waren, haben sich die Eltern der »Schumis« 1997 getrennt.

Trotz des Scheiterns der elterlichen Ehe ist sich Michael Schumacher sicher, eine sehr gute Erziehung genossen zu haben. So weiß er auch heute noch den Wert des Geldes zu schätzen, von dem er mittlerweile ja mehr als genug hat. Zu seinem Weltbild passt es einfach nicht, Geld für unnütze Luxusartikel zu verschleudern. Der derzeit beste Rennfahrer der Welt hat sein vernünftiges Augenmaß nie verloren und stößt damit in der Familie auf volle Unterstützung. So gesehen ist es umso bewundernswerter, wie normal der Spitzenverdiener der Formel 1 all die Jahre geblieben ist. Sicherheitsdenken hat sein ganzes Leben von Anfang an bestimmt, und daran wird sich auch in Zukunft nichts ändern. Das dürfte auch der Grund sein, warum Michael Schumacher von seinen Fans vergöttert wird wie kein anderer aktueller Rennfahrer. Er hat den Olymp des Motorsports erklommen, den Zenit erreicht, und ist doch irgendwie einer von ihnen geblieben, ein sympathischer, volksnaher, glaubhafter Charakter, der sich für seine Ideale stark macht und sie jeden Tag aufs Neue vorlebt, ohne sich für irgendjemanden zu verbiegen.

In dieser Hinsicht hat Michael seinem Bruder einiges voraus. Zwar vertritt auch Ralf konsequent seine Meinung, manchmal wirkt er dabei aber gewollt stur und vor allem unbedachter als »Don Michèle«. Doch Kritiker sollten ihm zugute halten, dass er sechseinhalb Jahre jünger ist als Michael. Vielleicht legt sich die jugendliche Forschheit in absehbarer Zeit. So viel ist sicher: Ralf hat den gleichen ausgeprägten Familiensinn wie Michael in die Wiege gelegt bekommen und sich seinem großen Bruder in den vergangenen Jahren immer mehr angenähert.

Das dunkle Kapitel: »Schummel-Schumi« und »Pisten-Rambo«

Michael Schumachers Ruf war nicht immer frei von Kratzern, ganz im Gegenteil. Sein rigoroses Verhalten auf und neben der Piste hat oft für Blessuren gesorgt. Grund dafür war Schumachers Einstellung zum Rennsport. Seine Devise lautete seit seinem Eintritt in die Formel 1 1991: siegen, siegen, siegen. Alles andere ist zweitrangig. Bei seiner Wahl der Mittel hat der erfolgshungrige Deutsche ein ums andere Mal daneben gegriffen. Nicht nur die Bilder von seinen grandiosen Siegen, sondern auch die seiner Regelverstöße und spektakulären Abschüsse dürften jedem Formel-1-Fan im Gedächtnis geblieben sein.

Die Saison 1994: Mit nur zwölf gefahrenen Rennen wird er im Benetton-Ford erstmals Weltmeister. Ganze vier Disqualifikationen verleihen ihm aber auch den Spitznamen »Schummel-Schumi«. Mit einem einzigen Punkt Vorsprung vor Damon Hill geht der deutsche Rennfahrer ins Saisonfinale in Adelaide. In Runde 36 schießt er den Briten von der Piste. Beide Autos scheiden aus – Schumacher ist Weltmeister, sein Ruf angekratzt.

Sein Rennstall gerät in dieser Saison schon früh ins Zwielicht. Nachdem der Deutsche die ersten beiden Grand Prix gewonnen hat, sagt Ayrton Senna seinem Manager auf dem Rückflug aus Aida: »Ich weiß, dass ich gegen ein illegales Auto fahre.« Der Brasilianer war stutzig geworden. Wie kriegt Benetton seine blitzschnellen Tankstopps hin? Warum ist Schumacher beim Start so unglaublich schnell? Die ersten Verdächtigungen in Richtung Benetton-Ford wurden zunächst von einem tragischen Doppelschlag in den Hintergrund gedrängt: Die tödlichen Unfälle von Ratzenberger und Senna in Imola sorgten für einen nie dagewesenen Aufschrei in der Formel 1. Zwei Tote an einem Rennwochenende!

Schumacher erfuhr nach dem Rennen von Willi Weber, dass sein ärgster Konkurrent Ayrton Senna seinen Verletzungen erlegen war und brach in Tränen aus. Weil er auch dieses Rennen gewonnen hatte und zu viele Gerüchte die Runde machten, wurden die Elektronik-Boxen seines Wagens und die der Zweit- und Drittplatzierten beschlagnahmt.

Erstmals disqualifiziert wurde Schumacher in Silverstone – er hatte Damon Hill in der Einführungsrunde überholt. »Auf dem Papier der Rennleitung stand nur Fünf-Sekunden-Zeitstrafe. Wir dachten, die werden später dazu addiert«, rechtfertigte Teamchef Flavio Briatore seine Entscheidung, warum er Michael nicht innerhalb der vorgeschriebenen drei Runden zum Stop-and-Go an die Box geholt hatte. Die Folge: Schumacher wurde die schwarze Flagge gezeigt. Bis heute schwört er Stein und Bein, diese nicht gesehen zu haben. Das glaubt ihm allerdings kaum jemand. Wahrscheinlicher ist die Variante, dass Briatore Michael über Funk erklärt hat, er regele die Angelegenheit mit der FIA. So lange solle er einfach nur weiterfahren. Doch aus diesem kühnen Plan wurde nichts.

FIA-Präsident Max Mosley hatte wahrscheinlich nur darauf gewartet, den sich zu dieser Zeit wie ein Gott aufspielenden Briatore endlich in seine Schranken zu weisen. Mosley brachte den Fall vor den Weltrat. Dieser wandelte die ernste Ermahnung für Schumacher und 25000 Dollar Geldstrafe für Benetton in zwei Rennen Sperre und 500000 Dollar Geldstrafe um. Das hatte gesessen. Diesen Machtkampf hatten Mosley und die FIA gewonnen.

Für Benetton-Ford und Schumacher kam es in dieser Saison noch dicker. In Hockenheim kam plötzlich ans Licht, was seit Sennas Tod noch im Dunkeln gelegen hatte: Das brennende Auto von »Schumis« Teamkollegen Jos Verstappen in der Boxengasse verriet deutlich Manipulationen an der Tankanlage. Briatore steckte seine nächste schwere Niederlage ein und gab kleinlaut zu: »Ja, wir haben den Sicherheitsfilter entfernt, um schneller tanken zu können.« Diese Tatsache konnten viele

Beteiligte aus dem Formel-1-Business nicht fassen. Minardi-Mann Paolo Stanzani sprach aus, was alle dachten: »Die spielen mit Menschenleben!«

Benetton war kräftig in die Schusslinie geraten, und ausgerechnet jetzt legte Charlie Whiting, der Sicherheitsbeauftragte der FIA, seinen Bericht über die in Imola beschlagnahmte Blackbox vor. Die Analyse der Benetton-Software hatte ergeben, dass eine so genannte »launch-control« aktiviert war. Die versammelte Fachwelt fragte sich nun, ob Schumachers Siege nur dank einer Traktionskontrolle – eine elektronische Hilfe, die den Wagen in der Spur hält – möglich geworden waren.

All diese unangenehmen Enthüllungen reichten jedoch nicht aus, um Benetton von der WM auszuschließen. Durch den demontierten Sicherheitsfilter konnte nicht mehr Benzin in den Tank fließen, lediglich das Aufsetzen und Abnehmen des Tankschlauches ging dadurch schneller. In diesem Sinne lag keine eindeutige Regelverletzung vor. Auch die »launch-control« wurde »Schumi« und seinem Team nicht zum Verhängnis. Briatores Aussage, man habe damit nur Tests, aber keine Rennen gefahren, konnte nicht widerlegt werden, zumal das System nur auf dem Backup des Computers nachgewiesen werden konnte. Auffällig war allerdings, dass Schumacher seither bis zum vorletzten Saisonrennen in Suzuka keinen einzigen Start mehr gewann.

Die Fronten zwischen Benetton-Ford, der FIA und den anderen Teams hatten sich verhärtet. Vor diesem Hintergrund sind sich viele Fachleute sicher, dass Michaels Disqualifikation in Spa wegen einer zu dünnen Holzplatte am Unterboden seines Boliden ein Deal zwischen Benetton und der FIA war, der die Kritiker ablenken und vor allem beruhigen sollte. Dass die vorgeschriebene Mindeststärke der Platte von neun Millimetern unterschritten wurde, war wahrscheinlich keine Manipulation. Beim Überfahren der Curbs war das Teil schlichtweg abgehobelt worden. Der Sieg wurde Schumacher trotzdem aberkannt.

Von nun an hatten alle Beteiligten dennoch verstärkt ein Auge auf die Benetton-Technik geworfen, was dazu führte, dass »Schummel-Schumi« auch danach immer wieder für Negativ-Schlagzeilen sorgte. So auch zum Saisonstart 1995: Sprit-Lieferant Elf hatte falschen Kraftstoff geliefert.

Die »Benzin-Affäre« holte allerdings auch David Coulthard ein, der mit demselben Gemisch fuhr. Nach dem Grand Prix von Spa tritt »Schumi«, der amtierende Weltmeister, wegen gefährlicher Fahrweise »auf Bewährung« an. Doch er lässt sich davon nicht beirren und verteidigt seinen Titel. Und die so genannte »Windabweiser-Affäre« 1999 in Malaysia erweist sich sogar als Ente, denn Messungen hatten ergeben, dass die Teile noch innerhalb der Toleranzwerte lagen.

Das bekannteste Beispiel, dass Schumacher den viel sagenden Beinamen »Pisten-Rambo« einbrachte, ereignete sich in der Saison 1997. »Don Michèle«, mittlerweile bei Ferrari unter Vertrag, liefert sich einen heißen Kampf mit dem Kanadier Jacques Villeneuve im Williams. Vor dem großen Show-down in Jerez geht der Deutsche mit einem Punkt Vorsprung an den Start. In der 47. Runde passiert es: Villeneuve hat Schumacher schon fast überholt, als dieser aus purer Verzweiflung und offenbar absichtlich den vorbeiziehenden Williams rammt. Das Ergebnis ist fatal: Der Deutsche rutscht von der Piste, Villeneuve kann weiterfahren. Der Titel ist futsch, der Ruf ruiniert. Als »Sahnehäubchen« wird Schumacher auch noch der Vize-Weltmeistertitel aberkannt.

1998 – wieder einmal in Spa – rast er als klar Führender dem Überrundungskandidaten David Coulthard ins Heck, verliert einen Reifen und scheidet aus. Anschließend passiert etwas, dass es bei Schumacher bis dato noch nie gegeben hatte: In der Boxengasse verliert er die Kontrolle über sich und beschimpft den unschuldigen Schotten aufs Übelste. Völlig zu Unrecht, wie die TV-Aufzeichnungen und die Auswertung aller technischen Daten anschließend beweisen.

So peinlich diese Aktion auch war, der Ausraster ist bedingt nachvollziehbar, wenn man Michael Schumachers unbändigen Siegeswillen kennt. Damit setzt er sich selbst unter einen ungeheuren Druck, erst recht, wenn es in einer Saison mal nicht so gut läuft, wie in der von 1998. Für diese These spricht auch der Umstand, dass »Don Michèle«, seit er 2000 seinen ersten Triumph mit Ferrari feierte, keinen größeren Skandal mehr heraufbeschworen hat. Wenn es gut läuft, setzt er sich also auch nicht diesem unmenschlichen Leistungsdruck aus. Und wer entspannt ist, macht bekanntlich weniger Fehler.

Wohin führt der Weg der Formel 1?

Die Formel 1 ist für fast alle Beteiligten ein Riesengeschäft. Veranstalter, Fernsehsender und Rennfahrer verdienen mit dem Spektakel unvorstellbare Mengen Geld. Nur die Autohersteller bekommen vom großen Kuchen relativ wenig ab. Um das zu ändern, haben die Konzerne erste Planungen für eine eigene Rennserie in Angriff genommen.

So versammelte sich eine Gruppe hochkarätiger Vertreter der Automobilhersteller, um über die Zukunft der Branche zu beraten. Mit von der Partie: Jürgen Hubbert (Mercedes-Benz), Burkhard Göschel (BMW), Wolfgang Reitzle (Jaguar) und Paolo Cantarella (Fiat-Ferrari). Das Ergebnis der Konferenz sorgte für einen Aufschrei der Etablierten. Formel-1-Chef Bernie Ecclestone fürchtet gar, »dass in einem halben Jahr zerstört wird, was ich in 30 Jahren aufgebaut habe«. Die Aktie des Rechtevermarkters EM.TV rauschte zeitweise über 20 Prozent in den Keller.

Der Grund für die Aufregung: Die Autokonzerne haben Medientycoon Leo Kirch den Kampf um die Vorherrschaft in der Formel 1 angesagt. Cantarella hatte angekündigt, die Autohersteller würden eine Gesellschaft mit dem Ziel gründen, so schnell es geht, eine eigene Weltmeisterschaft für einsitzige, offene Rennwagen aufzubauen. Diese würde dann zwar anders heißen, ansonsten aber all das bieten, was das Spektakel ausmacht: waghalsige Überholmanöver, lebensbedrohliche Crashs, Tränen der Freude und des Leids sowie aufgepolsterte und chirurgisch getunte Boxenluder, die abseits der Pisten für Unterhaltung sorgen. Als Startschuss für die erste Saison der neuen Serie wird das Jahr 2008 angepeilt. Mercedes, BMW, Ferrari, Jaguar, Renault, Toyota und Honda könnten schon dann um den Titel kämpfen.

Drei Beteiligte sehen diesem Ereignis mit größter Sorge entgegen und setzen alles daran, die Konkurrenzveranstaltung zu verhindern: EM.TV, Kirch und Ecclestone. Kirch und EM.TV haben gemeinsam rund 1,5 Milliarden Euro in den Erwerb von 75 Prozent an Bernie Ecclestones Firma Slec investiert. Slec vermarktet alle Fernsehrechte an der Formel 1. Wenn die Schumachers und Co. der Formel 1 den Rücken kehren, um bei der Konkurrenzserie an den Start zu gehen, haben Kirch und EM.TV ein ernstes Problem.

Im Kampf um die Rechte geht es nicht zuletzt auch um die Live-Übertragungen der Rennen. Seit Kirchs Einstieg fürchten die Automobilhersteller, dass der Medienzar nur eines im Sinne hat: Die Übertragungen in seinen Pay-TV-Sender Premiere World zu verfrachten. Dieser braucht dringend neue Einnahmequellen, nachdem er im Jahre 2000 einen dicken Verlust in Höhe von 660 Millionen Euro erwirtschaftet hatte. So müssen unbedingt neue Abonnenten her, und die wittert Kirch zurecht in der frenetischen Fan-Gemeinde der Formel 1.

Wie dem auch sei, den Automobilkonzernen stößt besonders sauer auf, dass alle anderen Beteiligten in der Formel 1 enorme Gewinne einfahren, während sie selbst nur draufzahlen. Der größte aller Absahner ist nach wie vor Bernie Ecclestone, der laut Presseberichten im Jahr 2000 rund 155 Millionen Euro Gewinn eingestrichen hat. Da wollen die Autokonzerne nun nicht mehr mitspielen.

Ein Vergleich mit dem Fußball liegt nahe: Der Europapokal wurde schließlich auch in die Champions League umgewandelt – die Zuschauer blieben trotzdem bei der Stange. Wichtigster Faktor für das Publikum scheint zu sein, dass die Spitzenteams dabei sind, egal wie die Veranstaltung heißt. Für die etablierten Formel-1-Beteiligten bleibt also nur zu hoffen, dass die geschlossene Front der Autohersteller auseinander bricht. Zwar hätten sie sich für viel Geld den Markennamen Formel 1 gesichert, aber das wäre es dann auch schon gewesen. Denn das große Geschäft würde in der neuen Rennserie mit den Autoherstellern und den Star-Fahrern gemacht.

Bernie Ecclestone hat die Pläne der Hersteller, eine eigene Rennserie als Gegenstück zur Formel 1 zu etablieren, – wen wundert's – heftig kritisiert. Aber der große Zampano der Formel 1 zeigt sich dennoch optimistisch. »Selbst wenn die Hersteller eine neue Serie auf die Beine stellen können, wird die Formel 1 weiterhin die Königsklasse bleiben«, vermutet Ecclestone. Außerdem schießt er gegen die Vereinigung der Automobilwerke (ACEA), »die nicht kapieren, dass die 50 Prozent, die sie von uns bekommen würden, weit mehr sind als die 100 Prozent von der ACEA«.

Trotz verhärteter Fronten schließt Ecclestone eine einvernehmliche Lösung noch nicht aus. Bis 2008 wäre schließlich noch genug Zeit, sich zu einigen. Grundvoraussetzung dafür wäre allerdings, dass sich Medienmogul Leo Kirch endlich zu einer Garantie durchringt, die Formel 1 im Free-TV zu belassen.

Fakt ist, dass die ACEA Ende November 2001 eine Firma mit Sitz in den Niederlanden gegründet hat, die die neue Serie ins Leben rufen soll. Das stößt Ecclestone besonders übel auf, denn er fürchtet die Reaktion der Geldgeber. »Die Sponsoren sind mit der Situation nicht glücklich, sie wollen ihre Engagements überdenken.« Diese Unternehmen seien in die Formel 1 gekommen, weil sie um Stabilität wussten. Sollten sich die Sponsoren angesichts der mittlerweile unsicheren Entwicklung zurückziehen, würde es laut Ecclestone äußerst schwierig werden, sie zu einer Rückkehr zu bewegen.

Ralf Schumacher könnte an der neuen Entwicklung noch partizipieren. Seinem älteren Bruder indes dürfte ziemlich egal sein, wohin der Weg führt: Er wird am 3. Januar 2008 39 Jahre alt. Dass er dann noch Rennen fährt ist mehr als unwahrscheinlich.

So sieht es auch Ferraris Sportlicher Direktor Jean Todt, der eine klare Altersgrenze zieht: »Ich denke, dass, wenn man erst einmal 35 oder 36 Jahre alt ist, es sehr schwer wird, weiterhin konkurrenzfähig zu sein.« Einige der älteren Formel-1-Piloten lassen sich davon aber nicht abhalten. So kündigte Eddie Irvine, 36-jähriger Jaguar-Pilot, unlängst an, noch bis zu seinem 40. Lebensjahr weitermachen zu wollen.

Aber was wird mit Heinz-Harald Frentzen? Der 34-jährige Mönchengladbacher stand nach seiner plötzlichen Trennung von Jordan drei Tage vor dem Großen Preis von Deutschland ohne Arbeitgeber da. Teamchef Eddie Jordan bezeichnete Frentzen in diversen Interviews zwar als »einen der nettesten Menschen, die je für mein Team gefahren sind«, aber darauf kommt es in der Formel 1 nicht in erster Linie an.

Die Gründe für die Auflösung des Arbeitsverhältnisses liegen größtenteils im Dunkeln, Jordan verrät nur so viel: »Es gab eine Vielzahl von Dingen, die mir nicht gefielen, und wir haben wirklich versucht, das zu ändern. Hätte er weitere Jahre bleiben sollen, dann hätte ich absolut sicher sein müssen, dass er dafür der richtige Mann ist.« Das war Heinz-Harald Frentzen in den Augen seines Ex-Teamchefs offenbar nicht.

Frentzen selbst reagierte auf die unerwartete fristlose Kündigung tief enttäuscht und bezeichnete Jordans Verhalten als »Schlag ins Gesicht«. Er habe keinen blassen Schimmer, was die Gründe für seinen Rauswurf gewesen seien. Außerdem solle sich sein Ex-Teamchef die Sprüche vom ebenso netten wie schnellen Frentzen sparen: »Das kotzt mich an. Dann soll er wenigstens ehrlich sein und sagen, was ihm nicht passt.« Immerhin durfte der Mönchengladbacher auf eine Abfindung in Höhe von rund 16 Millionen Euro hoffen.

Da in ihm laut eigener Aussage noch immer »das Feuer brennt«, begnügte sich der Deutsche nicht lange mit der Zuschauerrolle und unterzeichnete, befristet für die letzten fünf Saisonrennen 2001, beim angeschlagenen Prost-Team. Ob er beim Franzosen bleiben wird oder zu einem anderem Team wechselt, stand im Dezember noch nicht fest.

Klar ist hingegen: Die Formel 1 steuert auf einem selbstzerstörerischen Kurs. »Ohne Wenn und Aber« wollen die in der Königsklasse aktiven europäischen Automobilkonzerne ab 2008 in Eigenregie fahren und somit Leo Kirch ausbremsen. Wie bei dem italienischen Autokonzern Fiat durchsickerte, haben bereits fünf Hersteller angekündigt, aus der Formel 1 auszusteigen. Dabei soll es sich um BMW, DaimlerChrysler, Ford, Renault und eben Fiat handeln.

Die Konkurrenzveranstaltung, die vorerst »New Series« oder »Formel Gold« genannt werden soll, würde für alle Teilnehmer finanzielle Vorteile bringen. Sie könnte starten, wenn sich die Teams und Rechteinhaber Kirch auf eine einvernehmliche Lösung einigen, jedoch nicht vor 2008, also bevor das so genannte Concorde Agreement, in dem alle Einzelheiten der Formel 1 wie in einer Verfassung geregelt sind, ausläuft. Kirch hat dazu seine eigene Einstellung. Er hat sich für viel Geld die Rechte an dem Spektakel gesichert. Jetzt will er den Großteil der Einnahmen für sich behalten und den Teams so wenig wie möglich abgeben.

Doch die Teams sind angesichts der wirtschaftlichen Lage darauf angewiesen, dass eine Einigung so schnell wie möglich erzielt wird. Tom Walkinshaw, Teamchef bei Arrows, sieht es so: »Wenn Kirch und die Hersteller keine Einigung finden, wird die Formel 1 unwiderruflichen Schaden erleiden. Kein Sponsor investiert, wenn die Zukunft des Sports dermaßen unklar ist.« Minardi-Teamchef Paul Stoddart sagt es aus dem Bauch heraus: »Ich kann nur hoffen, dass der klare Menschenverstand Oberhand gewinnen wird.«

Der Australier befürchtet, dass die Fernsehanstalten die Sendezeiten reduzieren oder sich gar ganz aus dem Sport zurückziehen könnten. Das würde wiederum dazu führen, dass die Sponsoren weniger Geld zahlen. Keine Zuschauer, kein Werbeeffekt. Ein Teufelskreis, in den keiner hineingeraten möchte. Einigen Teams scheint schon jetzt die Luft auszugehen. Prost und Arrows haben bereits eingestanden, auf Schuldenbergen zu sitzen, Jordan und Sauber haben zu Sparmaßnahmen gegriffen. Nach den Terroranschlägen in New York haben nicht wenige Sponsoren ihre Verträge annulliert oder die Gespräche mit den Teams eingestellt.

Laut Mercedes-Motorsportchef Norbert Haug geht es bei den Planungen nicht um eine Konkurrenzserie, »sondern um die Zukunft der Formel 1«. Die Formel 1 sei zu einer Plattform für die Hersteller geworden, fast jedes Team wäre irgendwie mit einem Konzern verbunden. »Das einzige Ziel ist, die Stabilität dieser Plattform zu sichern«, so Haug. Weltweit verfolgen zwischen 300 und 350 Millionen Menschen die Rennen, allein in Deutschland sind es pro Grand Prix über zehn Millionen.

FIA-Boss Max Mosley ist trotz aller Querelen noch optimistisch. »Am Ende sieht jeder ein, dass sich eine Meisterschaft bei weitem mehr rentiert und auch interessanter ist als zwei Meisterschaften.« Es überrasche ihn nicht, wenn innerhalb der nächsten ein, zwei Jahre alle Probleme vom Tisch wären.

Ralfs starke Konkurrenz im eigenen Lager

Ralf Schumacher ist ein verdammt schneller Rennfahrer, das steht außer Frage. Vielleicht liegt das unter anderem auch daran, dass er mit Juan Pablo Montoya einen ebenbürtigen Teamgefährten vor die Nase gesetzt bekommen hat. Seit der äußerst talentierte Kolumbianer den Briten Jenson Button bei BMW-Williams abgelöst hat, verspürt der jüngere der Schumacher-Brüder gehörigen Druck aus den eigenen Reihen. Zumal die beiden BMW-Piloten dafür bekannt sind, ein nicht gerade freundschaftliches Verhältnis zu pflegen. Man arbeitet zusammen, mehr nicht.

»Wir sind sehr unterschiedlich und haben wenig Kontakt zueinander, abgesehen davon, wenn wir technische Veränderungen diskutieren. Er ist halt mein Teamkollege«, sagt »Schumi II« über »Power-Pablo« und fügt viel sagend hinzu: »Wir liegen einfach nicht auf einer Wellenlänge.« Emotionen Fehlanzeige. Dennoch ist die Beziehung der beiden zueinander von Respekt geprägt. »Er hat etwas Besonderes, wenn er sich hinters Steuer setzt«, erkennt Ralf Schumacher neidlos an. Das haben mittlerweile auch die Bosse des deutsch-englischen Rennstalles begriffen, was zu einer in der Formel 1 einzigartigen Patt-Situation geführt hat.

Normalerweise ist in einem Formel-1-Team immer einer der beiden Fahrer die klare Nummer eins. Bei Ferrari ist es Michael Schumacher, bei McLaren-Mercedes war es in der vergangenen Saison David Coulthard, bei BAR-Honda Jacques Villeneuve. Im Falle von Ralf und Juan Pablo ist diese Rangfolge noch ungeklärt, und gegen Ende der Saison 2001 meldeten sich immer mehr Fachleute zu Wort, die den aggressiven Kolumbianer in der Favoritenrolle sahen. Dieser hatte sich durch spitzenmäßige Leistungen vor allem in der zweiten Saisonhälfte immer weiter ins Rampenlicht gefahren.

So auch beim Großen Preis von Deutschland am 29. Juli des vergangenen Jahres. Zwar hatte Ralf Schumacher das Rennen gewonnen, aber nur, weil der in Führung liegende Montoya wegen eines Motorschadens zur Aufgabe gezwungen wurde. Nach dem Rennen zeigte sich Ralf als fairer Sportsmann und sprach seinem vom Pech gebeutelten Teamkollegen Lob und Anerkennung aus. Negative Schlagzeilen machte der Deutsche hingegen, als er dem offensichtlich schnelleren Montoya gleich zweimal das Überholen verwehrte. So geschehen in Silverstone, wo er von seinem Team über Funk die Order erhielt, den Kolumbianer vorbeizulassen. Und auch in Magny-Cours blockte »Schumi II« seinen schnelleren Teamgefährten ab. Nach dem Rennen behauptete er, genauso schnell wie Montoya gewesen zu sein.

Weitere Bonuspunkte sammelte Montoya, als er im japanischen Suzuka im freien Training die zweitschnellste Zeit auf die Piste zauberte. Es war das erste Mal überhaupt, dass er die in Fachkreisen als äußerst schwierig geltende Strecke gesehen hatte. Da zog auch BMW-Sportdirektor Gerhard Berger seinen Hut vor Montoyas großartiger Leistung: »Seine Rundenzeiten sind beeindruckend und unterstreichen sein außergewöhnliches Talent.« Ralf Schumacher hatte mit Problemen zu kämpfen und erreichte lediglich die neuntbeste Zeit.

Ralf Schumacher lässt das nach außen hin alles kalt. Im Juni 2001 verkündete er, dass von vielen Seiten Interesse an seiner Vertragsunterschrift herrsche. Sein Druckmittel in Richtung BMW-Williams: Er will den selben Bonus wie sein Bruder bei Ferrari, die unangefochtene Nummer eins sein. Seinen bisherigen Teamkollegen Jenson Button und Alex Zanardi war der Kerpener noch haushoch überlegen, aber mit Montoya hat er nun einen Kollegen, der von vielen Fachleuten als ebenbürtig oder gar besser eingeschätzt wird.

Zum Beispiel von dem Iren Eddie Irvine, der davon ausgeht, dass Montoya weitaus talentierter ist als »Schumi II«. In einem Interview sagte Irvine: »Ralf wird von Juan Pablo vollständig überschattet werden. Auch wenn Ralf in diesem Jahr drei Rennen gewonnen hat, so ist er nicht auf dem gleichen Level wie sein Bruder. Er wird für Montoya keinen ebenbürtigen Gegner darstellen.« Deutliche Worte von einem, der sich übrigens selbst für den zweitbesten Fahrer hinter Michael Schumacher hält. Für mangelndes Selbstvertrauen war der irische Womanizer noch nie bekannt.

Aber Kritik scheint den jungen Deutschen nicht sonderlich zu interessieren. Er will seine Stellung mit einer klaren Stallorder gewürdigt wissen. Was Ralf Schumacher trotz mancher Loblieder tatsächlich von Montoya hält, macht eine Aussage klar, die er nach dem Rennen in Monte Carlo von sich gegeben hat: »Ich sah ihn im Rückspiegel, seine qualmenden Reifen, wie er quer stand. Deshalb habe ich über Funk meinem Team gesagt, er möge bitte fern von mir bleiben, weil es nicht lange gut gehen würde. Ich hatte es gerade ausgesprochen, da hing er schon in der Leitplanke. Da war das Problem für mich erledigt.« Sicher, der Kolumbianer hat Fehler gemacht, aber für einen Formel-1-Neuling hat er eine hervorragende Saison hingelegt, da gibt es überhaupt keine Diskussion.

Aber Schumacher und sein Manager Willi Weber bleiben hart, wollen ihren Willen durchsetzen. »Für den sportlichen Erfolg würden wir finanzielle Abstriche machen«, sagt Weber und meint damit: Sein Schützling soll die unangefochtene Nummer eins bei BMW-Williams sein. Insider munkeln, für eine garantierte Stallorder hätte Klein-Schumi seinen Vertrag bis 2004 gar für weniger als 16 Millionen Euro Jahresgage verlängert. In der vergangenen Saison hatte er sich noch für sieben Millionen Euro hinters Steuer gesetzt.

Stallorder hin oder her. Nicht wenige Fachleute trauen Juan Pablo Montoya durchaus zu, die Formel-1-Saison 2002 als Weltmeister zu beenden. In jedem Fall dürfte das interne Duell der beiden aufstrebenden Piloten bei BMW-Williams für reichlich Spannung sorgen. Zumal auch BMW-Motorsportchef Gerhard Berger und BMW-Williams-Chefingenieur Sam Michael längst das Potenzial von »Kolumbiens populärstem Exportartikel nach Kaffee und Kokain« (*The Times*) erkannt haben. »Besonders im Zweikampf ist Montoya ganz klar besser als Ralf«, sagt Berger, und Sam Michael fügt begeistert hinzu: »Wenn es ums Überholen geht, hat Juan Pablo denselben Killerinstinkt, den wir vorher nur bei Michael Schumacher gesehen haben.«

Zwar spricht die Statistik der abgelaufenen Saison für Ralf. »Schumi II« gewann drei Rennen, Montoya nur eines. Der Deutsche sammelte 49 Punkte, der Kolumbianer 31. Doch die Macher bei BMW-Williams trauen dem Architektensohn aus Bogotá offenbar einen weiteren Quantensprung in seiner Entwicklung zu.

Der Newcomer des Jahres 2001 hat unterdessen sein Erfolgsgeheimnis gelüftet. Er habe aufgehört, sich über Ralf Gedanken zu machen und stattdessen begonnen, sich mit seiner eigenen Leistung zu befassen. »Das ist auch der Grund dafür, dass ich in der zweiten Saisonhälfte den Spieß herumdrehen konnte«, so Montoya. Und eben in dieser Veränderung der inneren Einstellung sieht der Kolumbianer die Gründe für seinen rasanten Aufstieg: »Ich habe mich an die Atmosphäre in der Formel 1 gewöhnt und begonnen, das Fahren zu genießen.« Der Ex-Kart-Champion hat gut reden, für ihn läuft es derzeit wie am Schnürchen.

Dabei hatte der Formel-1-Neuling zunächst gar kein gutes Gefühl und sogar daran gezweifelt, dass BMW-

Williams das richtige Team für ihn ist. Die Vorstellung, für einen deutschen Motorenhersteller und mit einem deutschen Fahrer zu arbeiten, hatte ein mulmiges Gefühl in ihm hervorgerufen. »Aber die Gespräche mit Gerhard Berger und Mario Theissen waren richtig gut. BMW ist sehr fair und es hat wunderbar funktioniert«, sagt mittlerweile Montoya .

Auch zu den Möglichkeiten, nach ganz oben zu kommen, hat sich der 26-jährige BMW-Williams-Pilot relativ selbstbewusst geäußert. Einige Versuche, den vierfachen Weltmeister Michael Schumacher zu ärgern, waren ihm ja bereits 2001 geglückt. Zwar hat Montoya einen Heidenrespekt vor »Schumi«, für ihn ist er trotz allem aber auch nur ein Mensch: »Der Kerl ist verdammt schnell, aber er macht Fehler wie jeder andere auch.«

Formel-1-Legende Niki Lauda bezeichnete Montoya als »Sensation des Jahres«, und Berger schwärmte von seinen einmaligen Fähigkeiten: »Er fährt in Lücken hinein, noch bevor sie sich auftun.« Zur gleichen Zeit warnte der BMW-Motorsportchef Ralf Schumacher davor, seine Forderung nach einer Stallorder zu wiederholen, weil sich das Team dann wohl eher auf Montoya konzentrieren würde.

Dazu kam es dann aber doch nicht, weil sich die Macher bei BMW-Williams darauf geeinigt haben, keine Stallorder auszusprechen. »Es gibt keine Nummer eins oder Nummer zwei bei uns. Wir haben zwei ähnlich starke Fahrer, die das gleiche Material kriegen«, betonte Berger. Angepeiltes Ziel für die Saison 2002 sei aber auch, dem Duell Schumacher-Montoya so lange freien

Lauf zu lassen, bis es für das Team nicht mehr tragbar ist. Das bedeutet: Man wartet ab, wer sich im Laufe der Saison als besserer Punktelieferant etabliert und definiert dann seine Nummer eins.

Viele Beobachter rechnen Juan Pablo Montoya bessere Chancen aus, nicht zuletzt auch deshalb, weil er einen besseren Draht zu Frank Williams hat. »Er ist der Typ Rennfahrer, der im Cockpit deutlich sichtbar alles gibt. Ich liebe ihn«, so Williams' Loblied auf seinen kolumbianischen Fahrer. Gleichzeitig hat er für seinen deutschen Arbeitnehmer jede Menge Kritik parat: »In den letzten beiden Jahren zeigte Ralf in der zweiten Saisonhälfte nicht immer das, was er kann.«

Außerdem wird »Schumi II« von den Machern bei BMW-Williams immer wieder Lustlosigkeit bei Testfahrten vorgeworfen. Angesichts dieser deutlichen Kritik hat auch Ralf Schumacher feststellen müssen, dass Montoya vom gesamten Team offensichtlich mehr geliebt wird, aber er weiß immer noch nicht so recht warum.

Nun ist Frank Williams dafür bekannt, dass die Fahrer-WM für ihn nicht viel mehr als schmückendes Beiwerk bedeutet; er ist heiß auf den Konstrukteurs-Titel. Um dieses Ziel nach einer vierjährigen Durststrecke endlich wieder zu erreichen, ist ihm so ziemlich jedes Mittel recht. Außerdem neigt der Mann zu markigen Sprüchen, auch das weiß man längst. So hat er einmal gesagt: »Formel 1 ist wie Krieg. Nur der, der keine Freunde kennt, überlebt.« Mit solchen Binsenweisheiten heizt er das interne Duell Montoya-Schumacher nur noch weiter an.

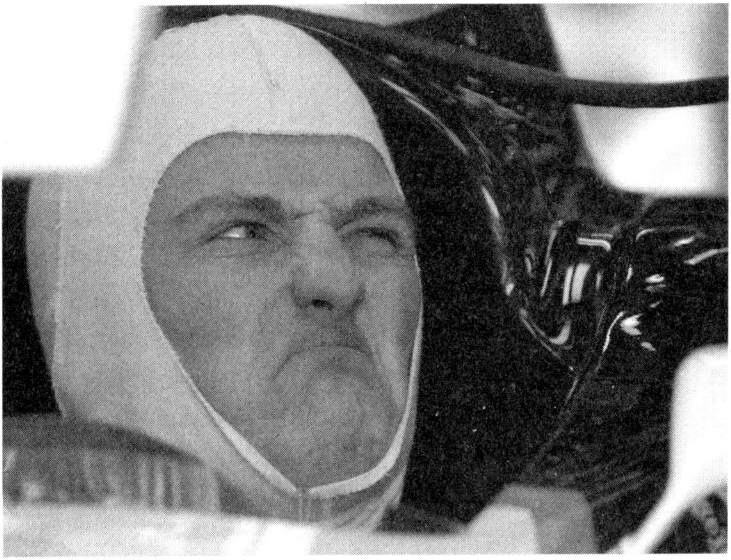

Schlechter Tag: Nachdem er beim freien Training in Indianapolis nur die neuntbeste Zeit erzielte, lässt eine Grimasse auf Ralf Schumachers Innenleben schließen.

Um sich endlich wieder den Konstrukteurstitel unter den Nagel reißen zu können, braucht Williams Siege, und darauf vertraut er voll und ganz. Der 59-jährige Brite rechnet in der Saison 2002 mit noch mehr Erfolgen von Schumacher und Montoya: »Man kann darauf wetten, dass die beiden Rennen gewinnen werden. Sie sind beide sehr stark und wollen gewinnen. Mit dem richtigen Material werden sie eine Menge Grand Prix für sich entscheiden«, gibt sich der Teamchef siegesbewusst.

Williams' Optimismus scheint berechtigt, denn tatsächlich zeigt die Trendkurve des Teams seit der Zusammenarbeit mit BMW steil nach oben. Hatte man sich in der ersten Saison noch mit 36 Punkten zufrieden geben müssen, durfte man sich 2001 schon über 80 Zähler freuen. Außerdem erkämpften sich Ralf Schumacher und Juan Pablo Montoya zusammen vier Siege und ebenso viele Pole-Positions. Diese Leistungssteigerung lässt tatsächlich darauf schließen, dass das dritte Jahr der Kooperation zwischen Williams und BMW noch erfolgreicher wird.

Auch Formel-1-Experte Hans-Joachim Stuck hat zu dem internen Zwist Stellung bezogen und festgestellt, dass die Vorwürfe, die Ralf gemacht werden, nicht aus der Luft gegriffen sind: »Ralf Schumacher ist wohl nicht derselbe konsequente Arbeiter wie zum Beispiel ein Juan Pablo Montoya.« Außerdem könne der Kolumbianer sowohl mit Siegen als auch mit Niederlagen öffentlich besser umgehen, weil er in dieser Hinsicht lockerer sei als sein deutscher Kollege, was ihm natürlich Sympathien eingebracht habe.

Stuck deutet mit einem Montoya-Lob indirekt an, woran es dem jüngeren der Schumacher-Brüder mangelt: »Es ist nicht nur, dass Montoya schnell ist. Er macht in jeder Beziehung einen ausgezeichneten Job.« Der Mann wisse eben auch, was er seinen Fans schuldig ist.

Für Ralf Schumacher sei nun ein doppelter Druck entstanden. Einerseits durch seine Defizite im zwischenmenschlichen Bereich, andererseits durch den direkten Vergleich mit einem Teamkollegen, den er nicht im Griff hat. Da baue sich für den Deutschen natürlich eine Art Feindbild auf. Aber alles Zaudern nütze nichts: »Wenn man gegen einen Fahrer verliert,

Ins Visier genommen: Ralf Schumacher an seinem Geburtstag, dem 30. Juni 2001, beim Großen Preis von Frankreich in Magny-Cours

der mit demselben Material unterwegs ist, gibt es keine Ausreden«, so Stucks Fazit.

Vielleicht ist Montoyas heißer Atem auch ein Grund für Ralf Schumachers nervöses Auftreten beim Grand Prix in Japan 2001 gewesen. Dort machte er Fehler, kürzte mehrmals die Schikane vor Start und Ziel ab und bekam dafür eine Stop-and-Go-Strafe aufgebrummt – insgesamt ein misslungener Auftritt des Deutschen. Auch Ferrari-Pilot Rubens Barrichello war von Schumachers Fahrweise nicht sonderlich angetan. »Ich hatte beim Kampf gegen Montoya viel Spaß, doch Ralf hat sich unsportlich verhalten, als er immer wieder die Schikane abkürzte«, lautete die Kritik des Brasilianers. Selbst Michael Schumacher kommentierte Ralfs Strafe nach dem Rennen als absolut gerechtfertigt. Insgesamt drängt sich also der Eindruck auf, dass Montoya »Schumi II« langsam aber sicher den Rang bei BMW-Williams abläuft.

Ralfs Pressesprecher Heiner Buchinger wittert in den Aussagen aus der Williams-Chefetage gar einen Racheakt: »Jetzt können sie ihm alles zurückzahlen, was sie drei Jahre lang runterschlucken mussten. Dass er einen Nummer-1-Status forderte, dass die Fans ihn und nicht den Wagen feiern und dass sie ihm seinen Millionenvertrag verdoppeln mussten.« Außerdem kenne man das taktische Geplänkel von Frank Williams und dem technischen Direktor Patrick Head ja nur zu gut: »Wie in der Vergangenheit versuchen sie, aus ihren Fahrern mehr Leistung herauszuquetschen, indem sie beide gegeneinander aufhetzen.« Da könnte was dran sein, zumal ein solches »Anpeitschen« im knallharten Formel-1-Business nicht ganz unüblich ist.

Ralf Schumacher, der oft und gern auf eine Stallorder gepocht hatte, hat sich mittlerweile – zumindest nach außen – mit der Situation arrangiert. Wie es sich für einen wahren Profi gehört, lässt er nun verbale Harmonien verlauten: »Bei uns ist eine solche Rollenverteilung noch nicht nötig«, sagt der Geläuterte, und fügt ganz brav hinzu: »Wir haben das gleiche Ziel vor Augen. Wir wollen das Team nach vorne bringen.« Amen.

Fest steht schon jetzt: Für Ralf Schumacher wird es eine knüppelharte Saison. Er selbst will Champion werden, sein Teamkollege Juan Pablo Montoya auch. Der in der Szene als furchtlos und arrogant geltende Kolumbianer sagt dazu nur ganz cool: »Ich will der Beste sein.

Mein Ziel ist es, Weltmeister zu werden.« Der Mann setzt Ralf Schumacher ganz gehörig unter Druck: »Es wird zwischen uns künftig harte Duelle geben. Ganz sicher«, weiß der jüngere der Schumacher-Brüder.

Fazit: Ralf Schumacher und Juan Pablo Montoya fahren für dasselbe Team, aber das ist auch die einzige Parallele. »Power Pablo« mag seinen deutschen Teamkollegen ebenso wenig wie dieser ihn. Auf die Frage, ob man als Fahrer in der Formel 1 überhaupt Freunde haben kann, entgegnete der schnelle Kolumbianer: »Na ja, es ist ein Wettbewerb, und um ehrlich zu sein, habe ich zu niemandem Kontakt. Man ist den ganzen Tag so im Stress, dass man keine Zeit für Unterhaltungen mit den Kollegen hat.« Und wie ist das mit dem Teamkollegen? »Er ist der Letzte, mit dem ich gerne sprechen würde.« Deutlicher hätte er es nicht formulieren können.

Das alles, so sagt Ralf selbst, bereite ihm keine Sorgen. »Ich werde 2002 mein Bestes geben. Wie gut das ist, werden wir sehen. Ändern kann ich sowieso nichts daran. Für das Team ist es positiv, zwei starke Piloten zu haben, aber was dabei herauskommt, müssen wir abwarten.«

Bleibt eine offene Frage: Ist es wirklich nicht von Bedeutung, ob sich zwei Teamkollegen ausstehen können, oder nicht? Eigentlich sollte man doch davon ausgehen, dass Teamarbeit besser von der Hand geht, wenn eine gewisse Sympathie vorhanden ist. Doch bei Ralf Schumacher und Juan Pablo Montoya ist der Fall offensichtlich anders gelagert – die beiden können sich schlichtweg nicht ausstehen und machen auch keinen Hehl daraus.

Sicher, ein gewisser interner Konkurrenzkampf könnte zusätzliche Leistungen zu Tage fördern, doch was folgt, wenn die Fronten derart verhärtet sind wie bei den BMW-Williams-Piloten? Es steht wohl zu befürchten, dass die Rivalität zwischen den beiden Egomanen in der Saison 2002 das ein oder andere Mal ins Kiesbett führt, denn so viel ist klar: Klein beigeben auf der Piste kommt weder für Ralf noch für »JPM« infrage.

Konkurrenzkampf hin oder her, Montoya und »Schumi II« durften sich – ausnahmsweise mal in aller Harmonie – über eine Auszeichnung freuen, die ihr Arbeitgeber BMW erstmals erhalten hat. Nach den ersten Siegen im Formel-1-Zirkus und einem erfolgreichen zweiten Jahr nach seinem Comeback in der »Königsklasse des Motorsports« ist der Münchener Motorenlieferant mit dem DMSB-Pokal des Deutschen Motor Sport Bundes geehrt worden. »2002 ist es unser Ziel, wieder einen Schritt vorwärts zu machen, das heißt, um den zweiten Platz zu kämpfen. Im Jahr darauf können wir dann vielleicht um die WM mitfahren«, sagte Motorsportchef Gerhard Berger im Rahmen der Preisverleihung.

Die »Schumis«, die Kartbahn-Unternehmer

Der Kartsport ist nicht nur das liebste Hobby von »Familie Vollgas« geblieben, er ist auch eine unternehmerische Einnahmequelle geworden. Zwar verkündete »Schumi II« noch im November 2001: »Ich habe durchaus andere Ziele, unternehmerisch kann ich später tätig werden.« Aber das hielt ihn nicht davon ab, rund vier Millionen Euro zu investieren, um sein seit 1996 bestehendes »Ralf Schumacher Kart-Center« fit für die Zukunft zu machen. Und dass er doch schon wie ein waschechter Geschäftsmann denkt, verdeutlicht die Aussage: »Eine solche Halle rentiert sich, sonst hätten wir sie nicht gebaut.« Die Indoor-Strecke hat eine Länge von 610 Metern, die Halle ist mit einer Größe von 113 mal 60 Metern äußerst geräumig geraten.

Ein Mitarbeiter der Kerpener Verwaltung bei der Enthüllung eines Straßenschildes, das den Namen des »größten Sohnes« der Stadt trägt

Zur feierlichen Eröffnung der modernsten Indoor-Kartbahn Europas in Bispingen in der Lüneburger Heide scherzte der frisch gebackene Papa einmal mehr, da sei ja nun schließlich noch einer, für den er die Brötchen verdienen müsse. In Richtung seiner zahlreichen Fans gab er außerdem zu verstehen, dass sie sich über seine Fitness keine Sorgen zu machen brauchen: »Ich laufe mit dem Kleinen in den Armen andauernd die Treppen rauf und runter. Das gibt ordentlich Kraft. Wenn es wieder los geht, bin ich ganz bestimmt fit.«

Auch Michael Schumacher ist Herr über ein eigenes Kart-Center und Chef der Betreiberfirma »MS Motorsport GmbH« in Kerpen. Dort steht auch die 1997 neu erbaute Halle, die dem geneigten Fahrer alles bietet, was er braucht, um sich einmal wie der große »Schumi« zu fühlen: rasante Action, elektronische Zeitnahme und Displays, auf denen die Namen und die aktuelle Position der Fahrer abgebildet werden.

Die ebenfalls auf dem 16000 Quadratmeter großen Areal befindliche Außenbahn wurde 2000 fertig gestellt und verfügt über einen 710 Meter langen Parcours. »Auf der ersten Michael Schumacher Kart-Bahn in Kerpen-Sindorf sind Sie dem Weltmeister direkt auf den Fersen«, lockt die eigens eingerichtete Homepage Kunden, die sich gern dem Rausch der Geschwindigkeit hingeben. Neben gehobener Gastronomie, Konferenzraum, Bistro und Fahrsimulatoren wurde auch ein Fan-Shop in die Kartbahn integriert – der Rubel muss schließlich rollen. Und auch die Eigenwerbung kommt im »Michael Schumacher Kart-Center« nicht zu kurz: Der interessierte Besucher kann sich in aller Ruhe in der »Welt der Schumachers« umschauen, einer Ausstellung über den Werdegang von Michael und Ralf Schumacher. Dass der Betrieb einer solchen Anlage ein durchaus lohnendes Geschäft sein kann, wird deutlich, wenn man einen Blick auf die Preislisten wirft. Zehn Minuten Einzelfahrt kosten schlappe zehn Euro. Wer die ganze Bahn für größere Gruppen ein paar Stunden buchen will, ist schnell mit ein paar Tausendern dabei.

»Schumis« Angst vor dem ganz großen Crash

Unfälle gehören in der Formel 1 zum Berufsrisiko. Zwar sind schreckliche Crashs mit tödlichem Ausgang dank des Einsatzes modernster Sicherheitstechnik in den vergangenen Jahren immer seltener geworden, doch soviel steht fest: Der Tod ist allgegenwärtig. Kein Fahrer ist vor einem latenten Angstgefühl gefeit; schließlich reichen weggebrochene Frontspoiler und geschossartig umherfliegende Reifen, um katastrophale Unfälle auszulösen. Technische Mängel lassen sich auch von Weltklassefahrern nicht kompensieren, ein Restrisiko wird es immer geben.

»Das gehört zu unserem Beruf«, hat auch Michael Schumacher längst erkannt, »ich danke Gott jedes Mal, wenn ich es heil überstanden habe.« Der amtierende

Weltmeister weiß, wovon er spricht. Er war 1999 in Silverstone mit seinem roten Boliden ungebremst in einen Reifenstapel gerast und hatte sich wie durch ein Wunder lediglich einen komplizierten Beinbruch zugezogen. Auf die Hilfe Gottes allein vertraut »Don Michèle« indes nicht. Er hat sich für rund 870 000 Euro im Jahr versichert – für den Fall der Fälle.

Sein Komplett-Paket hat der Star beim Londoner Versicherungsriesen Lloyd's abgeschlossen. Das lässt er sich rund 70 000 Euro im Monat kosten. Dafür ist aber auch alles abgedeckt: Spezialärzte, Krankentransporte, Verdienstausfall und Entschädigungen für entgangene Grand Prix. Als Schumacher mit gebrochenem Bein im Krankenhaus lag, musste Lloyd's kräftig in die Tasche greifen – 130 000 Euro pro Tag waren fällig. Im schlimmsten Fall, dem berufsbedingten Tod, müsste der Versicherer ein ganzes Jahresgehalt auf das Konto der Hinterbliebenen überweisen. Derzeit wären das inklusive Werbe- und Merchandisingeinnahmen rund 60 Millionen Euro. Nach Ayrton Sennas Tod 1994 hatte eine Versicherung bereits über 20 Millionen Euro an die Familie des legendären Formel-1-Piloten gezahlt.

Michael Schumacher ist in Sachen Sicherheit seit jeher ein engagierter Vordenker. Über seinen Makler sind mittlerweile fast alle Formel-1-Piloten versichert. Er selbst hatte innerhalb der GDPA, der Gewerkschaft der Formel-1-Fahrer, den Abschluss einer Gruppenversicherung vorangetrieben, nicht zuletzt, um die horrenden Prämien zu senken.

Michael Schumachers Sicherheitsdenken dreht sich nicht nur um sich selbst und die anderen Fahrer, auch um Zuschauer und Streckenposten macht sich der Kerpener große Sorgen. »Es gibt in jedem Rennen etliche Situationen, in denen sich die Reifen der Autos berühren. Wenn einer da mal abhebt und in die Zuschauer fliegt, ist eine Tragödie unausweichlich«, hatte er bereits vor Jahren angemahnt. Und der vierfache Weltmeister sollte – leider – Recht behalten. Das, was Schumacher vorausgeahnt hatte, passierte 2000 in Monza. Heinz-Harald Frentzen wollte seinen Jordan zwischen den des Teamkollegen Jarno Trulli und Rubens Barrichellos Ferrari bringen, als es fürchterlich knallte. Involviert waren außerdem David Coulthard, Johnny Herbert und allen voran Pedro de la Rosa, dessen Arrows wie ein startendes Flugzeug abhob, 50 Meter durch die Gegend segelte und schließlich, in seine Einzelteile zerlegt, liegen blieb.

Das Kohlefaser-Monocoque rettete de la Rosa das Leben. Weniger Glück hatte der Feuerwehrmann Paolo Ghislimberti, der seinen Posten an der Strecke eingenommen hatte. Er erlag noch an Ort und Stelle seinen schweren Kopf- und Brustverletzungen, nachdem er von einem umherfliegenden Reifen getroffen worden war. Noch am Abend nach dem Rennen wurden die Boliden der Unfallbeteiligten beschlagnahmt, der Staatsanwalt leitete unter anderem gegen Frentzen, Trulli und Barrichello ein Ermittlungsverfahren ein.

Besonders Frentzen sah sich schweren Vorwürfen konfrontiert. »Er hat zu spät gebremst und den Unfall provoziert«, sagte Rubens Barrichello und forderte eine Bestrafung des Deutschen. »Er hat den Kopf verloren und hätte uns alle töten können.« Frentzen selbst äußerte sich tief betroffen: »Es ist unheimlich tragisch. Mir tut das unglaublich Leid. Mein Gott, es war doch eigentlich ein normaler Rennunfall. Barrichello bremste für meine Begriffe 20 Meter früher als gewohnt, ich wusste nicht mehr wohin und bekam dann auch noch von hinten einen Anstoß.« Fast schon reumütig fügte der Mönchengladbacher hinzu: »Natürlich weiß ich selbst, dass dem Auffahrenden die meiste Schuld zukommt.«

Während der Pressekonferenz nach dem Großen Preis von Italien bekam Michael Schumacher, der das Rennen gewonnen hatte, seinen legendären Weinkrampf. Auf die Frage, was es für ihn bedeute, mit 41 Siegen die Erfolgsquote des 1994 tödlich verunglückten Ayrton Senna erreicht zu haben, brach der sonst so gefasste Teutone in Tränen aus. Zwar legten ihm sein Bruder Ralf und Mika Häkkinen immer wieder fürsorglich den Arm auf die Schulter, doch Schumacher konnte sich nicht mehr beruhigen. So hatte man den Champion noch nie erlebt. Vielleicht war es nur der große Druck, der sich angesichts des harten Duells mit Häkkinen aufgebaut hatte – zu dieser Zeit stand es mit 80:78 Punkten denkbar gut für den Finnen – vielleicht war es aber auch die Erinnerung an Senna und die Tatsache, dass Schumacher selbst immer wieder vor solchen tragischen Unfällen gewarnt hatte.

Mit dem Feuerwehrmann Paolo Ghislimberti hatte es ausgerechnet einen erwischt, der als Ersthelfer alles Menschenmögliche für einen verunglückten Fahrer getan hätte. »Es wurde jemand getötet, der sich für unser Leben eingesetzt hätte«, brachte es Ralf Schumacher auf den Punkt und machte damit überdeutlich, warum er sich aber auch gar nicht über seinen dritten Platz freuen konnte. Bereits vor dem Rennen hatte es reichlich Crash-Warnungen gegeben, und danach beherrschte die hitzige Sicherheitsdiskussion erst recht alles andere.

Nach dem Reglement müssen die Räder der Formel-1-Wagen an Fangseilen befestigt sein, sodass sie auch bei Unfällen mit einem Tempo von 300 Stundenkilometern nicht aus der Karosserie gerissen werden können. Vor jeder Saison macht die Vereinigung der Grand-Prix-Piloten (GPDA) den Weltverband FIA auf diverse Gefahren aufmerksam – oftmals ohne Erfolg. »Wir haben schon etliche Vorschläge gemacht, wie man die Reifen so verkleiden kann, dass es nicht mehr möglich ist, mit ihnen ein anderes Auto zu touchieren«, so Ferrari-Star Schumacher, »aber die FIA nimmt unsere Befürchtungen offenbar nicht ernst.«

Bleibt nur zu hoffen, dass sich das so schnell wie möglich ändert, damit nicht noch mehr Menschen wie der italienische Feuerwehrmann und Familienvater Paolo Ghislimberti diesen ansonsten so faszinierenden Sport mit dem Leben bezahlen.

Für Michael Schumacher ist es mit dem Abschluss von Versicherungen aber noch nicht getan, er fühlt sich nur dann wohl, wenn er die größtmögliche Kontrolle über das Geschehen hat. Dazu gehört auch, dass er sich regelmäßig von Fachärzten durchchecken lässt, um sicherzustellen, dass er dem gefährlichen Sport Formel 1 noch gewachsen ist. So auch Anfang Oktober 2001, als er sich einer ausführlichen, zweitägigen Untersuchung in einer Privatklinik in Bad Nauheim unterzog.

Hintergrund: Nicht selten schleppen besonders Formel-1-Piloten nach Unfällen kleine innere Verletzungen mit sich herum, die oft über Jahre hinweg unentdeckt bleiben, aber dringend behandelt werden müssten. Typische Probleme sind beispielsweise Rückenbeschwerden aufgrund der schwach abgefederten Fahrwerke und Probleme mit den Handgelenken, verursacht durch starke Vibrationen an der Lenksäule.

»Schumi« durfte nach dem Gesundheitscheck aber aufatmen. Das Ergebnis attestierte ihm eine weltmeisterliche Gesundheit. Seine Pressesprecherin Sabine Kehm betonte, dass es sich um eine Routineuntersuchung gehandelt habe, die nach zehn Jahren Hochleistungssport ein ganz normaler Vorgang sei.

Schon fast ein Italiener ...

Seit Michael Schumacher 1996 zu Ferrari gewechselt ist, verbringt er rund drei Monate pro Jahr in Italien. Testfahrten, Termine mit dem Team und Privatreisen führen den deutschen Superstar immer häufiger in die Heimat der »Scuderia«. Das hat zur Folge, dass Schumacher mittlerweile neben Englisch auch halbwegs brauchbar Italienisch parliert. »Wenn ich ins Restaurant gehe, dafür reicht es«, beurteilt »Don Michèle« seine Sprachkenntnisse.

Überhaupt hat der sonst so kühle »il tedesco« (der Deutsche), wie er genannt wird, in den vergangenen Jahren immer mehr vom Lebensgefühl der Italiener verinnerlicht, beispielsweise »die Überzeugung, dass nicht immer alles perfekt sein muss«. Auch die Freude am Genuss hat Schumacher schätzen gelernt. Außerdem ist es für ihn jetzt kein Problem mehr, eine klassische italienische Spezialität selbst zuzubereiten: Spaghetti al pomodoro. Die Tomaten werden gehäutet und entkernt, anschließend mit Zwiebeln und reichlich Knoblauch in Olivenöl angebraten, später kommen noch ein paar Möhren dazu, »und dann jede Menge Kräuter, Basilikum, Rosmarin, Thymian und langsam, aber lange köcheln lassen. Schlichter geht es nicht, besser geht es nicht«, so der passionierte Hobbykoch.

Doch der Superstar ist nicht generell von der italienischen Mentalität begeistert, hat er doch auch schon negative Aspekte ausgemacht. Zum Beispiel mit den unbarmherzigen Fans, für die es nur himmelhochjauchzend oder zu Tode betrübt gibt, wenn es um den Mythos Ferrari geht. »In Italien ist die Kritik emotionaler, die Ausschläge nach oben oder unten sind heftiger.« Schumacher hat längst begriffen, dass im Land der roten Flitzer nur Siege zählen – zweite Plätze sind nichts wert. Siege, das weiß er, sind die beste Möglichkeit, das fanatische Rennvolk auf seine Seite zu ziehen. Schon Niki Lauda hatte in seiner Zeit bei der »Scuderia« erkennen müssen: »Wer mit Ferrari siegt, ist der Größte. Wer mit Ferrari verliert, ein Idiot.«

Schumacher ist bemühter denn je, einer der ihren zu sein, nicht mehr bloß »il tedesco«. Die Vorwürfe, er sei nicht mit dem Herzen bei Ferrari, nachdem er auf einer Siegesparty von Mika Häkkinen gesichtet worden war, sind aber längst Schnee von gestern. Mittlerweile malt er auf dem Siegerpodest mit den Fingern ein Herz in die Luft, und die italienischen Gazetten erkennen begeistert an: »Wie hat er sich doch verändert!«

Die Italiener halten Michael Schumacher für den besten Rennfahrer der Welt, spätestens seit er 2000 die 20-jährige Durststrecke beendet und Ferrari endlich wieder zum Weltmeister gemacht hat. Seine fahrerischen Qualitäten sind für die Tifosi somit unangreifbar geworden, aber seine Perfektion ist ihnen immer noch unheimlich. In einem Land, in dem Improvisation höher geschätzt wird als nüchterne Gründlichkeit, muss man sich erst an den kühlen Rechner gewöhnen.

Seit seinem zweiten Titelgewinn mit Ferrari 2001 ist »Schumi« unanfechtbar, eine lebende Legende. Und mit jedem weiteren Sieg wird seine Position im Team noch mächtiger, denn er zieht sie alle mit. So sagt das »Oberhaupt der Familie«, Ferrari-Präsident Luca di Montezemolo: »Seine Siege sind wie Medizin. Nach jedem Erfolg geht ein Ruck durch das ganze Team und beflügelt die Mannschaft.« Schumacher selbst geht seiner Arbeit mittlerweile abgeklärter nach als früher. Er gibt zu: »Ich ziehe aus dem Rennfahren nicht mehr die Befriedigung wie damals, als ich anfing. Auf jeden Fall nicht zu jeder Zeit. Die Tatsache, dass man mit Formel-1-Autos wahnsinnig schnell fahren kann, hat ihren Reiz verloren.«

Den Reiz sucht sich der Superstar inzwischen woanders. Heute motiviert ihn, wenn er sieht, dass er und das Team Fortschritte machen und das Auto immer besser wird. »Ein Rennauto erfolgreich Schritt für Schritt weiterzuentwickeln, ist heute meine große Befriedigung«, so Schumacher.

Alles neu bei Ferrari

Don Michèle« befand sich im Urlaub in der norwegischen Einöde. Gemeinsam mit Gattin Corinna, Tochter Gina-Maria und Sohn Mick tankte der Weltmeister in seinem Feriendomizil, einem riesigen Blockhaus, Kraft für die Saison 2002.

Während er in der Abgeschiedenheit den familiären Freuden frönte, wurden in Italien die Weichen für die Zukunft gestellt. Die wichtigste Rolle spielte der Big Boss persönlich: Ferrari-Präsident Luca di Montezemolo war nach zehn Jahren des Herrschens müde geworden und kündigte an, seinen Job zumindest für einige Zeit an den Nagel zu hängen. »Ich habe meine Ziele erreicht. Ferrari hat seine Spuren am Ende des letzten und zu Beginn dieses Millenniums hinterlassen«, begründete er seinen zeitweiligen Ausstieg.

Vom Entschluss des langjährigen Bosses profitiert vor allem einer: Michael Schumachers Kumpel und Kollege

Jean Todt. Zum Sportdirektor befördert ist er als solcher in Zukunft für Ferrari, aber auch für alle anderen Motorsportaktivitäten des Mutterkonzerns Fiat verantwortlich. Dazu zählt unter anderem auch der Aufbau einer Rennsportabteilung bei der Ferrai-Schwester Maserati, die gerüchteweise bereits mit der Formel 1 in Verbindung gebracht wird.

Und noch eine weitere Neuigkeit erreichte den Superstar, während er in Norwegen relaxte: Ferrari hatte einen weiteren Testfahrer verpflichtet, den 26-jährigen Brasilianer Luciano Burti, der zuvor für Jaguar und Prost seine Runden gedreht hatte.

Der Landsmann von Rubens Barrichello ist für »Schumi« kein Unbekannter. Während eines spektakulären Start-Crashs beim Großen Preis von Spa in der vergangenen Saison waren sich die beiden gefährlich nahe gekommen. Zumindest bei Burti hat der Unfall keine negativen Spuren hinterlassen: »Ich bin sehr glücklich. Es wird fantastisch, mit Schumi bei Ferrari zusammenzuarbeiten.«

Nigelnagelneu präsentiert sich auch Michael Schumachers neuer Dienstwagen. Nahezu revolutionär soll die neue Motor-Getriebe-Einheit sein, die erstmals in einem einzigen Gehäuse untergebracht ist. Der Vorteil: Beim Hochschalten sind die Wege kürzer, weshalb der Motor weniger Drehzahl verliert. Außerdem soll der rote Renner künftig noch mehr Pferdestärken auf die Piste bringen – Insider munkeln von 890 PS.

Otto-Normal-Verbraucher mussten sich bis zum 1. Februar 2002 gedulden. An diesem Tag wurde der neue Bolide der Öffentlichkeit präsentiert – die Fachwelt war wie immer begeistert. Einer hatte jedoch das Privileg, die »rote Diva« schon vorher in Augenschein zu nehmen. Anlässlich des alljährlichen Weihnachtsdinners der Ferrari-Angestellten am 15. Dezember 2001 lupfte Michael Schumacher schon einmal das rote Tuch, das das Objekt der Begierde verhüllte.

Die alles entscheidende Frage, die zu diesem noch nicht geklärt war, ist allerdings, ob der Bolide rechtzeitig fertig wird. So plante man bei Ferrari von Anfang an, den F2001 aus der abgelaufenen Saison als »Notnagel« in der Hinterhand zu behalten. Falls die Mechaniker zum Saisonstart noch keinen fertigen F2002 präsentieren können, würde »Schumi« also zunächst mit dem Vorjahresmodell vorlieb nehmen müssen. Was nicht tragisch wäre, denn der Wagen hat sich in der Saison 2001 bekanntlich gut bewährt.

Teamchef Jean Todt hat unterdessen zugegeben, dass die revolutionäre Einheit für Motor und Getriebe gewisse Komplikationen mit sich bringt. »Das ist eben ein sehr innovativer Teil des Autos. Es ist natürlich, mit einem neuen Konzept Probleme zu haben«, sagte das »Hirn« von Ferrari. Die Chancen auf eine erneute Titelverteidigung sollen diese Kinderkrankheiten indes nicht schmälern. Die Erkenntnisse über Chassis und Motor seien sehr ermutigend, »alles in allem bin ich daher zuversichtlich«, so Todt.

Zur Option, für den Fall der Fälle mit dem F2001 zu starten, sagt Ferraris technischer Direktor Ross Brawn: »Es ist schon ungewöhnlich, dass man eine Saison auch mit dem alten Modell beginnen kann. Doch das Reglement macht das glücklicherweise möglich. Jetzt können wir das als eine Art Versicherung nutzen.« Die anderen Teams machen es übrigens genauso.

Ob nun mit dem F2001 oder dem neuen Superauto F2002, es kann für »Schumi« nur ein Ziel geben: Zum dritten Mal in Folge Weltmeister mit der Scuderia zu werden.

So sieht es auch BMW-Motorsportdirektor Gerhard Berger. Der ehemalige Formel-1-Pilot ist sich sicher, dass Ferrari 2002 »die Latte legen wird, dank dieser erfolgreichen Kette Schumacher-Todt-Brawn-Byrne«. Als entscheidenden Vorteil für die Scuderia macht Berger aus, dass Ferrari sehr früh die WM 2001 gewonnen hat und sich ebenso früh auf die kommende Saison vorbereiten konnte. Außerdem spürt der Österreicher den ungeheuren Ehrgeiz, der auch nach vier Titeln noch in Michael Schumacher brodelt. »Wenn jemand so extrem besessen ist wie Michael Schumacher, der nach dem Gewinn der Weltmeisterschaft nach Kerpen geht, um dort die Kart-WM zu fahren, und sich den Kopf zerbricht, wie er drei Kilogramm verliert, um noch etwas schneller zu sein, dann sehe ich, dass in ihm noch ein ganz großes Feuer brennt und er noch lange nicht am Ende seiner Karriere ist.«

Diese Aussage trifft den Kern der Wahrheit – Michael Schumacher ist noch lange nicht am Ende, er funktioniert nach wie vor mit der Präzision eines Schweizer Uhrwerks. Das weiß auch Berger, der daher auch keine reelle Chance für BMW-Williams sieht, Ferrari ernsthaft zu gefährden. »Unser Ziel muss es sein, Ferrari so nah wie möglich zu kommen und dabei zu schauen, dass wir Zweiter werden. Dabei ist McLaren unser Gegner.«

Etwas anders sieht es Willi Weber, der Ralf Schumacher in seinem BMW-Williams für einen potenziellen Titelanwärter hält. »Den nötigen Speed hat er auf jeden Fall«, sagt der Manager, fügt aber auch hinzu: »Vielleicht muss er noch analytischer werden und sich wie Michael mehr und konsequenter um das Auto, die Abstimmung und das Team kümmern.« In jedem Fall traue er dem kleineren »Schumi« zu, um den Titel mitzufahren. Ob es schließlich klappt, hänge aber nicht zuletzt auch von der Zuverlässigkeit des Autos ab.

Dass Teamkollege Juan Pablo Montoya angeblich der Liebling von Teamchef Frank Williams ist, spielt für Weber keine tragende Rolle: »Ralf muss weiterhin schneller sein als Montoya, wovon ich ausgehe. Jeder Teamchef, egal wie er heißt, wird letztlich immer hinter dem schnelleren Mann stehen«, so das Fazit des findigen Geschäftsmannes. An Stelle von Montoya hält er Ralf Schumacher und den Briten David Coulthard für die ärgsten Konkurrenten Michael Schumachers in der Saison 2002. Aber auch Kimi Räikkonen und Rubens Barrichello könnten dem amtierenden Weltmeister gefährlich werden.

Unterdessen wurde Ferrari-Präsident Luca di Montezemolo am 6. Dezember von der Stadt Maranello zum Ehrenbürger ernannt. Giancarlo Bertacchini, der Bürgermeister der Stadt, die weltweit durch den dort angesiedelten Sportwagenhersteller bekannt ist, erläuterte im Rahmen der symbolischen Schlüsselübergabe im Enzo Ferrari Auditorium die Gründe für die Auszeichnung. Luca di Montezemolo sei ein unersetzbarer Sprecher für Maranello. »Unter seiner Führung hat

Ferrari-Präsident Luca di Montezemolo hält schützend seine Hände über Michael Schumacher und Rubens Barichello.

Ferrari ein weiteres Mal die Fahrer- und Konstrukteursweltmeisterschaft gewonnen und die Bekanntheit und Anerkennung der Marke weiter intensiviert. Dank Luca di Montezemolo sind die Bande zwischen Ferrari und der Region sehr eng.«

Symbol für diese enge Verbundenheit sei auch die Präsentation des neuen Modells 550 Maranello gewesen, das den Namen der Stadt in die Motorsportwelt hinausträgt.

Die »Schumis« und die nervende Meute

Als Spitzensportler muss man damit leben. Ob in der Formel 1, im Fußball oder im Tennis: 365 Tage im Jahr ist den Helden der Branche eine ganze Horde von mehr oder minder seriösen Journalisten – von manch genervtem Star abfällig »Schmeißfliegen« genannt – auf den Fersen. That's business, und daran wird sich wohl nie etwas ändern. Schließlich gieren nicht zuletzt die Otto-Normal-Verbraucher, die Leser und die TV-Zuschauer, danach, wenigstens ein Stück weit an Ruhm und Glanz der prominenten Großverdiener teilzuhaben. Aus dieser Voyeuristen-Mentalität hat sich ein gewaltiger Wirtschaftszweig entwickelt, der nur noch wenig Privatsphäre zulässt. Der eine kommt damit besser klar, der andere schlechter.

Objekt der Begierde: Michael Schumacher, von Presseleuten umlagert

So hatte Ralf bereits im zarten Alter von 23 Jahren mehr oder minder mit dem Thema abgeschlossen. Er sei kein Freund des Presserummels und lese deshalb auch fast keine Zeitung mehr, »weil es da zu viel Boulevardpresse gibt, meines Erachtens«. Um das ein oder andere Interview kommt Ralf aber indes nicht herum, schließlich ist er nicht zuletzt ein Markenartikel, der gewisse Pflichten zu erfüllen hat.

Sein älterer Bruder Michael hat es einmal so auf den Punkt gebracht: »Der schwierigste Teil der Formel 1 ist für mich der riesige Anteil an Pressearbeit. Es ist einfach nicht das, wofür ich gemacht bin.« Er könne problemlos zehn Stunden am Tag seinem Sport nachgehen, »aber eine zweistündige Pressekonferenz bringt mich um. Es macht mir keinen Spaß, so einfach ist das.«

Diese Einstellung ist durchaus verständlich, wenn man bedenkt, dass nicht wenige Spitzensportler angesichts der ständigen Pressepräsenz eine Art Verfolgungswahn entwickeln; erst recht, wenn ihr Privatleben ausspioniert und das familiäre Umfeld mit hineingezogen wird. Darum merkte »Schumi« einmal scherzhaft an, dass es nicht nur die herrliche Natur sei, die ihn an seinen regelmäßigen Norwegen-Urlauben reize; »außerdem frieren sich die Paparazzi bei minus 25 Grad die Füße ab«. Er bringt zum Ausdruck, was viele seiner Kollegen denken: »Der Druck, Formel-1-Fahrer zu sein, stört mich nicht sonderlich. Was mich stört, ist der Ärger über gewisse Storrys, die man sich anhören muss. Wenn man zum Beispiel mit seinen Kindern nicht hingehen kann, wo man will.« Und fast schon resigniert fügt der viermalige Champion hinzu: »Dieses Leben ist nicht perfekt.«

Man muss sich das mal vor Augen führen. Als Ralf Schumacher mit seiner Frau Cora in sein stattliches Anwesen im österreichischen Hallwang eingezogen war, kreisten prompt die Hubschrauber über seinem Dach. Einen Tag später konnte der geneigte Konsument in der

»Bild«-Zeitung nachlesen, in welchem Teil des Hauses die Schlafzimmer, der Wellness-Bereich und die Kinderstube untergebracht sind, dass im Gartenteich die Frösche quaken und sich in den weitläufigen Waldgebieten ringsherum Rothirsch, Wildschwein und Meister Lampe gute Nacht sagen.

Mindestens genauso unangenehm dürfte es für den BMW-Williams-Piloten gewesen sein, als dasselbe Blatt die Nacktfotos seiner Frau veröffentlichte. Was in anderen Kreisen nur sehr wenige Leute zu sehen bekommen – der Ehemann und vielleicht der ein oder andere Liebhaber – wurde an diesem Tag von ganz Deutschland angegafft. Angesichts solcher Beispiele sollte sich niemand mehr wundern, wenn Superstars die Methoden unserer Medienlandschaft kritisieren und, in ganz seltenen Fällen, sogar boykottieren.

Etwas anderes ist es natürlich, wenn die Protagonisten selbst den Anlass für eine ungewollte Berichterstattung liefern. So auch am Dienstag, den 4. Dezember 2001, als Deutschlands größte Boulevardzeitung in riesigen Lettern folgende Schlagzeile brachte: »Was ist mit seinen Augen? Brillen-Schumi baut Unfall auf der Autobahn!« Was war passiert? Ralf Schumacher hatte einen Fehler gemacht, wie ihn tausende andere Autofahrer vor ihm auch schon gemacht haben. Er war mit seinem 7er BMW auf der A3 in der Nähe von Köln in ein Stau-Ende gefahren und hatte dabei drei PKWs aufeinander geschoben. Schumacher gab anschließend zu Protokoll, er habe die am Stau-Ende stehenden Autos zu spät erkannt.

Sein Pech: Am Vormittag desselben Tages war er zum ersten Mal öffentlich mit Brille aufgetaucht und hatte gesagt: »Bisher habe ich mich davor gedrückt, sie zu tragen, aber jetzt ist es wohl an der Zeit.«

Für die Vertreter der Yellow Press ein gefundenes Fressen, denn jetzt durften auch die irrwitzigsten Vermutungen aufgestellt werden. Sind seine Augen zu schlecht? Kann er überhaupt noch Rennen fahren? Hat Ralf beim Unfall überhaupt die Brille aufgehabt?

»Fakt ist: Als er danach aus dem BMW ausstieg, da trug er sie nicht ...«, wusste »Bild« aus zuverlässiger Quelle zu berichten.

Dass sich Ralf Schumacher trotz eventueller Sehschwäche auch privat am liebsten selbst hinters Steuer setzt, beweist der Umstand, dass der ihm von BMW gestellte Chauffeur auf dem Beifahrersitz saß, als es knallte.

Laut Auskunft eines Autobahnpolizisten hat die Aufnahme des Unfalls, bei dem rund 15 000 Euro Sachschaden entstanden, eine gute Stunde gedauert. Ralf Schumacher habe bereitwillig und freundlich alle Fragen der Polizisten beantwortet. Trotzdem wurde in Erwägung gezogen, ein Ermittlungsverfahren wegen fahrlässiger Körperverletzung gegen den Formel-1-Star einzuleiten. Hintergrund: Einer der von »Schumi II« gerammten Autofahrer hatte ein Schleudertrauma davongetragen.

Und genau dieser Herr, ein gewisser Michael T. (37), meldete sich zwei Tage später in der »Bild« – wo auch sonst – zu Wort. Er sei stinksauer auf »Brillen-Schumi«, machte der EDV-Berater seinem Unmut Luft. »Er könnte sich wenigstens erkundigen, wie es mir geht, schließlich hat er den Unfall verursacht. Aber seine einzige Regung am Unfallort war ein kurzes Nicken, als ich benommen aus dem Auto stieg«, beschwerte sich der leicht verletzte Audi-Fahrer. Vielleicht hätte Ralf Schumacher noch an Ort und Stelle eine Autogrammkarte zücken sollen, dann wäre Herr T. wohl zufrieden gewesen ...

Jedenfalls hat der Unfall Ralf Schumacher zu denken gegeben. Immerhin entschied er sich einige Tage später, eine Brille für den Renngebrauch zu testen. Zwar ist der BMW-Williams-Pilot nur leicht kurzsichtig (1 und 0,75 Dioptrien), doch sicher ist sicher. »Eine Brille könnte mir im Rennen helfen«, sagte »Schumi II« und ließ sich eine Spezialbrille anfertigen, ähnlich wie sie auch die Piloten der US-Cart-Serie tragen. Kontaktlinsen, wie sie beispielsweise der Kanadier Jacques Villeneuve beim Fahren trägt, seien ihm zu umständlich.

Sein spezielles Brillengestell schmiegt sich ganz eng an seinen Kopf an und deckt das gesamte Gesichtsfeld ab. Das ermöglicht ihm, seine Rivalen auf der Piste immer im Blick zu haben – auch aus dem Augenwinkel. Die Brille muss extrem flach geschnitten sein, damit sie unter Ralfs Helm passt und darf niemals beschlagen. Ralf Schumacher wäre der einzige Rennfahrer im Business, der mit Brille an den Start geht. Vielleicht hat die neue Sehhilfe auch einen psychologischen Nebeneffekt. Jedenfalls sieht der Deutsche mit seiner futuristisch anmutenden Brillenkonstruktion noch angriffslustiger aus als vorher.

Für private Zwecke hat sich der Formel-1-Profi ein superleichtes und biegsames Titangestell gegönnt – »weil ich das auf der Nase nicht so spüre, schließlich bin ich keine Brille gewöhnt«.

Blick in die Zukunft: Wie geht es weiter mit Michael und Ferrari?

Körperliche und mentale Fitness vorausgesetzt, könnte Michael Schumacher wohl noch fünf Jahre in der Königsklasse des Motorsports aktiv sein. Spätestens dann wird ihm das eigene Alter zum Hindernis werden. Doch lässt es der viermalige Champion überhaupt so weit kommen? Erreicht hat er schon heute mehr als genug, sowohl in sportlicher als auch in finanzieller Hinsicht. Aus diesem Grund macht sich »Don Michèle«, der Analytiker, der nichts dem Zufall überlässt, rechtzeitig Gedanken über seine Zukunft.

»Ich werde aufhören, wenn es mir keinen Spaß mehr macht. Wann das sein wird, kann ich nicht absehen. Nur eines kann ich mit Bestimmtheit behaupten: Noch brennt das Feuer in mir«, lässt sich Schumacher alle

Möglichkeiten offen. Den Luxus, das zu tun, was Spaß macht, kann er sich leisten. Dass ihm die Formel 1 keinen Spaß mehr macht, ist nur vorstellbar, wenn die Zeit des Siegens vorbei ist. Entweder, weil er selbst nachlässt, ein anderes Supertalent die Wachablösung einläutet oder er sich noch einmal bei einem Unfall wie 1999 in Silverstone schwer verletzt.

Nächster Termin, ernsthaft über die Beendigung seiner einzigartigen Karriere nachzudenken, dürfte Ende 2004 sein, wenn sein Vertrag bei Ferrari ausläuft. Falls er dann immer noch konkurrenzfähig ist, und daran zweifelt kaum jemand, ist ihm durchaus zuzutrauen, dass er noch die ein oder andere Saison dranhängt.

Eine weitere – besonders lukrative – Variante wäre, eine einjährige Auszeit zu nehmen und anschließend mit Pauken und Trompeten auf die Bahn zurückzukehren. So haben es schon viele Sportler gemacht, darunter renommierte Rennfahrer-Kollegen wie Alain Prost. Angenommen »Schumi« würde 2006 ein glanzvolles Comeback starten, dann könnte er allein schon wegen der Werbewirksamkeit einer solchen Aktion Gagen in geradezu beliebiger Höhe einfordern. Nicht zuletzt sein Manager Willi Weber dürfte ein großer Anhänger dieser Idee sein. Aus wirtschaftlichen Gründen wäre der Schritt hochinteressant, zumal »Don Michèle« sein Sparschwein für das Altenteil noch einmal ordentlich stopfen könnte.

Bevor Schumacher adieu sagt, wird er wahrscheinlich auch die Rekorde brechen, die er bis heute selbst noch nicht aufgestellt hat; auch den von Juan Manuel Fangio, der fünfmal Weltmeister wurde. Ob Michael Schuma-

Budapest 2001: Ein überglücklicher Michael Schumacher umarmt Ferrari-Teamchef Jean Todt.

cher überhaupt ohne den Rennsport leben kann, bleibt abzuwarten. Vorstellbar ist, dass er als Repräsentant von Ferrari oder eines Sponsors in der Szene bleibt. Oder sich als Nachwuchsförderer und Talentscout im Kartsport, seiner »Wiege«, engagiert. Gänzlich auszuschließen ist eine Tätigkeit als Teamchef. »Das tue ich mir auf gar keinen Fall an«, hat er in den vergangenen Jahren immer wieder betont.

Wofür er sich auch entscheidet? So viel steht fest: Michael Schumacher wird das tun, was er für richtig hält und dabei auf das vertrauen, was ihn auszeichnet. Das sind Ehrgeiz, Beharrlichkeit und ein untrüglicher Instinkt für die richtige Entscheidung zum richtigen Zeitpunkt.

Einer macht sich schon heute große Sorgen, wenn er an die Zukunft ohne »Schumi« denkt: sein Freund und Technischer Direktor bei Ferrari, Ross Brawn. Er gibt zu, dass es für ihn schwierig werden dürfte, sich an einen neuen Fahrer zu gewöhnen. »Meine Arbeit bei guten Teams ist ganz eng mit Michael verbunden – das hat sich halt so ergeben«, sagt Brawn und spielt damit auf die Zeit an, als Michael und er bereits zusammen für Benetton gearbeitet haben. Jedes Mal, wenn Schumacher Weltmeister wurde, war Brawn mit von der Partie, so etwas prägt. »Seine Fähigkeiten, seine Einstellung. Ich meine, er ist der Beste, oder nicht?«, gerät Brawn ins Schwärmen.

Für die Zeit nach »Schumi« gibt Brawn zu bedenken, dass Michael Respekt von seiner Umwelt verdient. Das ganze Team merke deutlich, wie engagiert er zur Sache gehe, um gute Leistungen abzuliefern. »Dadurch werden sie ebenfalls angestachelt. Man muss die Leute nicht groß motivieren, wenn Michael zum Team gehört. Ohne ihn wird das schwierig«, fürchtet der Technik-Chef des italienischen Rennstalls. Denn mit Schumacher würden auch die Erfolgsaussichten verschwinden.

»Wenn man zu einem Rennen fährt, ohne zu wissen, ob man eine Siegchance hat, dann ist es schwer, sich zu motivieren«, sagt der erfolgsverwöhnte Brawn voraus.

Unterdessen hat sich auch Frank Williams, der ja bereits mit seinem Schützling Ralf Schumacher hart ins Gericht gegangen war, zu Michael Schumachers Qualitäten geäußert. In seiner Analyse über die fahrerischen Qualitäten des viermaligen Weltmeisters machte Williams Schwächen im Vergleich zu Juan Pablo Montoya aus. »Michael wird oft in Situationen überholt, wo du sagst: unmöglich, dass der Hintermann da an ihm vorbeifährt. Montoya hat das erkannt und Michael in Brasilien überrumpelt. Ich kann mir nicht vorstellen, dass sich Michael beim Bremsen eine Blöße gibt. Er scheint ein Problem zu haben, abzuschätzen, wie weit der Hintermann weg ist«, so Williams' Urteil.

Mit dieser Kritik spielte der Teamchef auf das Rennen in São Paulo an, bei dem der 26-jährige Kolumbianer den Ferrari-Piloten am Ende der Safety-Car-Phase überrumpelt hatte. Ob er damit auch auf Schumachers Alter anspielen wollte, sei dahingestellt. Williams' Meinung nach ist Montoya, was das Überholen angeht, schlichtweg der Beste. Er habe einfach das Gespür dafür, innerhalb kürzester Zeit zu beurteilen, wie stark sein Auto auf dem schmutzigen Teil der Strecke übersteuern wird, wie viel Straße ihm auf der Außenbahn bleibt und wie weit das zu überholende Auto nach außen getragen wird.

Und tatsächlich war Montoya in der Saison 2001 einer der Fahrer, die gezeigt haben, dass Überholen in der Formel 1 kein Ding der Unmöglichkeit ist, dank seiner unnachgiebigen Art und Weise, in Lücken zu stoßen, die sich plötzlich vor ihm auftun. Da fackelt einer wie Montoya nicht lange, getreu dem Motto »Augen zu und durch«.

Ob das allerdings reicht, Michael Schumacher schon 2002 vom Thron zu stoßen, bleibt abzuwarten.

Michael Schumacher: Der größte Fahrer aller Zeiten?

Michael Schumacher hat sich mit seinem vierten Weltmeistertitel einen Platz in den Geschichtsbüchern gesichert. Schon heute wird er von vielen Fachleuten als größter Rennfahrer aller Zeiten gehandelt. Er hält so ziemlich jeden Rekord, den ein Fahrer in der Königsklasse des Motorsports aufstellen kann, nur an die fünf Titelgewinne des legendären Argentiniers Juan Manuel Fangio ist er noch nicht herangekommen – doch das kann ja noch werden.

Aber ist ein Vergleich mit Fangio überhaupt realistisch? Der ehemalige Grand-Prix-Pilot Marc Surer sieht das so: »Michael Schumacher hat ja viel mehr Gegner gehabt als früher ein Fangio oder ein Prost, der damals im besten Team war. Michael Schumacher musste fighten für seinen Erfolg.« Der Beste, so der Formel-1-Experte, sei Schumacher deshalb »auf jeden Fall«.

»Don Michèle« sieht das auf seine bescheidene Art alles etwas anders. Selbst wenn er seinen fünften Titel holen sollte, einen Vergleich mit Juan Manuel Fangio, der am 17. Juli 1995 mit 84 Jahren einem schweren Nierenleiden erlag, lehnt der Kerpener strikt als »nicht aussagekräftig« ab. Er zieht vielmehr seinen Hut vor den unglaublichen Leistungen des Motorsport-Pioniers. »Was Fangio erreicht hat, ist wirklich bewundernswert«, sagt Schumacher, »es ringt mir großen Respekt ab, dass Fahrer wie er bei Sicherheitsstandards, die von den heutigen weit entfernt waren, so schnell mit dem Auto fahren konnten.«

Doch so sehr sich »Schumi« auch gegen einen Vergleich mit Fangio sträubt, eines lässt sich wohl kaum noch abwenden: Schumacher wird zumindest statistisch gesehen schon bald die unangefochtene Nummer eins sein. Um mit Fangio gleichzuziehen, braucht er noch einen Titel; um die alleinige Regentschaft zu übernehmen, benötigt er noch zwei Weltmeisterschaften. Diese Ziele sind nicht utopisch, denn zumindest 2002 geht der amtierende Champion als klarer Favorit ins Rennen.

Solange er seine Motivation, das Beste zu geben, aufrechterhalten kann, dürfte für den älteren der Schumacher-Brüder so ziemlich alles möglich sein. Wenn sich allerdings eine gewisse Sattheit breit macht, wird das Unterfangen gefährdet. Davor warnt auch Ferrari-Chefdesigner Rory Byrne, der sein Team mahnt, angesichts der beiden Titelgewinne nicht den Hunger nach Erfolg zu verlieren. Nur wenn die Motivation stimmt, könne man auch weiterhin auf der Siegerstraße bleiben.

Aber der Südafrikaner, eine der tragenden Säulen des Ferrari-Comebacks, strahlt Zuversicht aus: »Ich glaube, das Beeindruckendste ist, wie wir gearbeitet haben. Wir waren unglaublich konstant.« Da sei es auch gleich viel leichter, sich neu zu motivieren. »2001 war eine wundervolle Saison, aber wir verbessern uns noch immer«, ist Byrne sich sicher. Von einem Ausruhen des Teams auf den Lorbeeren könne keine Rede sein.

Byrne betont, dass Ferrari 2001 einen besseren Job gemacht habe als im Jahr zuvor, in dem die Roten auch Weltmeister geworden waren. »Wir können uns aber nicht leisten, damit zufrieden zu sein. Ich nehme gern Wetten an, dass wir nach wie vor alles geben werden.«

Davon geht auch die Konkurrenz aus. BMW-Motorsportchef Gerhard Berger betont immer wieder, dass Ferrari auch 2002 das Maß aller Dinge darstellen wird, und so hat man sich in diesem Jahr noch den Angriff auf McLaren-Mercedes zum vorrangigen Ziel gesetzt. Bei den Silberpfeilen ist man noch emsig damit beschäftigt, die Schwächen der vergangenen Saison auszumerzen, um endlich wieder eine reelle Chance gegen die »Scuderia« zu haben. Allzu oft hatten Mika Häkkinen und David Coulthard in der vergangenen Saison mit Problemen zu kämpfen. Besonders in den ersten Rennen 2001 waren ihre Autos schlichtweg zu unzuverlässig.

Mit entscheidend für Ferrari wird sein, wie gut die oft als revolutionär hochgejubelte neue Motor-Getriebe-Einheit des F2002 funktionieren wird. Mit dem neuen

Auto habe man die Grenzen »ziemlich weit« nach außen gerückt, sagt Byrne. Aber selbst wenn die Techniker nicht rechtzeitig fertig werden, wird Ferrari mit dem F2001 sicherlich konkurrenzfähig sein – zu überlegen agierte das Auto in der vergangenen Saison.

Unterm Strich sieht es also ganz danach aus, dass sich Michael Schumacher auf dem besten Wege zur – zumindest statistischen – Nummer eins befindet, ob er will oder nicht. Einer der größten Fahrer aller Zeiten ist er schon heute.

2001: Rückblick auf eine unglaubliche Saison

Das Formel-1-Jahr 2001 war in vielerlei Hinsicht ein ganz besonderes. Michael Schumacher holte seinen vierten Titel und die zweite Weltmeisterschaft für Ferrari. Sein Bruder Ralf begann furios, fuhr drei Siege für BMW-Williams ein und machte mit einer schwächeren zweiten Hälfte den Weg frei für seinen ungeliebten Teamkollegen Juan Pablo Montoya, der sodann zum Shootingstar avancierte. Einige neue Reglementierungen sorgten für reichlich Diskussionsstoff unter Teams, Fahrern und Fans, der Terrorakt am 11. September in New York stürzte die Formel 1 in eine nie da gewesene Krise und die Hersteller ebneten den Weg für eine neue Rennserie ab 2008.

Das Establishment begrüßte – mehr oder minder freundlich – vier neue Fahrer: Fernando Alonso, Enrique Bernoldi, Juan Pablo Montoya und Kimi Räikkonen. Überraschung des Jahres war die finanziell schlecht ausstaffierte Truppe von Peter Sauber, die es scheinbar mühelos mit größeren Teams wie Benetton und Jaguar aufnahm. Leider gab es auch wieder tragische Momente wie den schrecklichen Cart-Unfall Alex Zanardis in der Lausitz, der ihn beide Beine kostete.

Aber der Reihe nach. Dass die Saison 2001 eine einzigartige werden sollte, deutete sich schon vor dem ersten Rennen während der ersten Tests und Präsentationen an. So unterbot Michael Schumacher mit seinem F2001 auf Anhieb den Streckenrekord in Fiorano. Spätestens jetzt war allen Beobachtern klar, dass der Kerpener eine überaus dominante Rolle einnehmen könnte.

Gegnerische Angriffe wurden von »Don Michèle« in Melbourne und Sepang noch scheinbar mühelos abgewehrt. Beide Rennen beendete er ganz oben auf dem Treppchen und legte den Grundstein für eine ungemein souveräne Saison. Erst am 1. April in Brasilien konnte der Schotte David Coulthard die volle Punktzahl auf seinem Konto verbuchen. Was viele Fans, besonders die deutschen, in Verzückung versetzte, war Ralf Schumachers erster Saisonsieg in Imola. Noch größer war der Freudentaumel, als Ralf Schumacher den achten WM-Lauf in Kanada siegreich vor seinem großen Bruder beendete, der sich den zweiten Platz sicherte.

Unglaublich: ein deutscher Doppelsieg in der Königsklasse des Motorsports!

In den Rennen fünf (Spanien) und sieben (Monaco) hatte Michael Schumacher als Sieger seinen Punktevorsprung auf die Verfolger deutlich ausgebaut, sein ärgster

Silverstone 2001: Michael Schumacher in seinem Element

Konkurrent Coulthard heimste lediglich im sechsten Grand Prix (Österreich) die volle Punktzahl ein. Anschließend gab es für »il tedesco« kein Halten mehr. In den verbleibenden neun Rennen passierte er noch fünfmal als Erster die schwarz-weiß karierte Zielflagge.

Damit hatte »Schumi« weitere Rekorde aufgestellt. Noch nie war es einem Fahrer gelungen, in einer einzigen Saison 123 Punkte zu sammeln, noch nie hatte ein Fahrer am Saisonende 58 Punkte Vorsprung auf den Zweitplatzierten herausgefahren. Ebenso beeindruckend ist, dass Michael Schumacher im Laufe seiner Karriere nunmehr 53 Grand Prix gewonnen und damit den »Professor« Alain Prost (51) überholt hat. Auch in Sachen WM-Punkten hat er den Franzosen hinter sich gelassen. Schumacher verbucht nun 801 Punkte auf seinem Konto, Prost hatte im Laufe seiner Karriere »nur« 798,5 eingefahren.

Bereits nach dem Gewinn des 13. WM-Laufs am 19. August in Ungarn stand Michael Schumacher vorzeitig als Weltmeister fest. Nie zuvor hatte ein Formel-1-Pilot die Weltmeisterschaft so überlegen gewonnen – und es war bereits sein vierter Titel.

Mika Häkkinen, der jahrelang mit Schumacher um den Titel gefahren war, verabschiedete sich nach dem Rennen in Suzuka in die »Babypause«. In seiner vorläufig letzten Saison gewann er noch einmal zwei Grand Prix, Silverstone und Indianapolis. Viele Fahrer und Formel-1-Fans hoffen, dass der sympathische Finne noch einmal zurückkehrt. Nicht zuletzt auch Michael Schumacher, der über die Jahre ein kumpelhaftes Verhältnis zu Häkkinen aufgebaut hat.

Ralf Schumacher durfte sich am 29. Juli über den Gewinn des heimischen Grand Prix in Hockenheim freuen, es war sein dritter Saisonsieg. Und auch sein Teamkollege Juan Pablo Montoya erfreute seinen Arbeitgeber mit seinem allerersten Grand-Prix-Erfolg am 16. September in Italien. Außerdem stellte der kolumbianische Neuling sein Talent mit drei zweiten Plätzen eindrucksvoll unter Beweis.

Total relaxed: »Schumi« im Schneidersitz. Das Bild entstand am 29. September 2001 – zu diesem Zeitpunkt stand Michael längst vorzeitig als Weltmeister fest.

Der umstrittenste Grand Prix 2001 fand zweifelsohne in Indianapolis statt, nur 19 Tage nach den verheerenden Terroranschlägen auf das World Trade Center und das Pentagon. Lange wurde unter den Fahrern diskutiert, ob sie an den Start gehen sollen, und nicht wenige bezeichneten das Unterfangen als völlig absurd. Aber, wie das im Sport nun einmal so ist, am Ende wurde das Rennen doch gestartet, schließlich muss der Rubel ja rollen. Mika Häkkinen kam als Erster ins Ziel, seine Freude über den Sieg war allerdings verhalten.

Doch die Formel-1-Saison 2001 wurde von den unfassbaren Anschlägen nicht gänzlich überschattet – viele positive Ereignisse bleiben in Erinnerung. So auch das erfrischende Auftreten der vier Neulinge. Dabei hatte es besonders um Alonso und Räikkonen zunächst heftige Diskussionen gegeben. Im Gegensatz zu Montoya und Bernoldi hatten sie praktisch keine Erfahrungen in den verschiedenen Nachwuchsklassen gesammelt, und die Etablierten machten sich ernsthafte Sorgen.

Die »alten Hasen« der Branche konnten sich einfach nicht vorstellen, ihre Kräfte mit jugendlichen Milchgesichtern zu messen. Im Falle von Alonso und Räikkonen wurde gar in Erwägung gezogen, beiden lediglich eine Sonderlizenz auszustellen. Am Ende einigte man sich aber darauf, alle vier Neulinge für vier Rennen auf Bewährung starten zu lassen. Diese Entscheidung stellte sich als die richtige heraus, denn es gab keinerlei Probleme, und zumindest Räikkonen und Montoya stellten ihr Talent eindrucksvoll unter Beweis.

Ein weiteres leidenschaftlich diskutiertes Thema waren die Regeländerungen für 2001. Elektronische Fahrhilfen wie vollautomatische Getriebe, Startautomatik und Traktionskontrolle wurden wieder eingeführt. Außerdem mussten die Frontspoiler fünf Zentimeter höher angebaut werden. Die Vollautomatik bewirkt, dass die Fahrer – wenn sie es wünschen – nicht mehr selbst schalten müssen. Das Getriebe erledigt dies zum jeweils günstigsten Zeitpunkt von selbst. Traktionskontrollen ermöglichen auch ausgangs von Kurven den vollen Tritt aufs Gaspedal, ohne dass die Räder durchdrehen. Das alles kommt der Sicherheit der Fahrer zugute. Kritiker bemängeln allerdings, dass aufgrund solcher Fahrhilfen der individuelle Status des Rennsports verloren geht.

Von technischer Fachsimpelei zurück zu den Emotionen, die in der Formel 1 den wesentlichen Anteil ausmachen. 2001 hieß auch Abschied nehmen vom guten alten Hockenheimring. Die traditionsreiche Hochgeschwindigkeitsstrecke wird umgebaut. Noch mehr Zuschauer sollen an der Piste Platz finden. Damit wollen die Veranstalter dem Boom gerecht werden, den die beiden Schumacher-Brüder in Deutschland ausgelöst haben. Bis zum nächsten Grand Prix im Sommer 2002 muss das Vorhaben realisiert sein.

Für einen Aufschrei des Entsetzens sorgte der schreckliche Unfall des ehemaligen Formel-1-Piloten Alex Zanardi bei der Europapremiere der US-Cart-Serie auf dem Lausitzring am 15. September. Der Kanadier Alex Tagliani war mit Tempo 300 unverschuldet in das Auto des Italieners gerast. In einer Notoperation mussten dem lebensgefährlich verletzten Zanardi beide Beine oberhalb der Knie amputiert werden. Der 35-jährige Italiener lässt sich von dem Schicksalsschlag jedoch nicht den Lebensmut rauben. »Ich fühle mich gut genug, um nach Hause zurückzukehren und dort ein neues Leben zu beginnen. Ich danke den Ärzten, dass sie mein Leben gerettet haben«, so Zanardi bei seiner Entlassung aus dem Unfallkrankenhaus Berlin-Marzahn.

Zanardis Unfall ließ auch die Kollegen in der Formel 1 nicht kalt. Traumatisiert, auch von den Ereignissen in New York, dachte beispielsweise Michael Schumacher über seinen Rücktritt nach. Doch von dieser vermeintlich einfachsten Lösung, die für jeden absolut nachvollziehbar gewesen wäre, nahm der vierfache Champion wieder Abstand, motivierte sich neu und siegte beim letzten WM-Lauf in Japan. Der Mann ist unvergleichlich.

Sensationell war auch, wie Peter Sauber mit seinem finanziell gnadenlos benachteiligten Team die Konkurrenz überraschte. Mit weniger als 300 Mitarbeitern nahm es die Mannschaft von Sauber-Petronas mit Teams wie Benetton-Renault auf, die doppelt so viele Angestellte und ein Vielfaches an Geld zur Verfügung haben. Am Ende der Saison hatten die jungen Wilden Nick Heidfeld (Deutschland/12 Punkte) und Kimi Räikkonen (Finnland/9 Punkte) stolze 21 Punkte für ihr Team eingefahren. Das reichte für einen unglaublichen vierten Platz in der Konstruktionswertung, womit vor Saisonbeginn wohl niemand gerechnet hatte. Damit hatten die Underdogs renommierte Teams wie Jordan-Honda, Benetton-Renault und Jaguar-Ford überholt und sich in Lauerstellung hinter den Großen, Ferrari, McLaren-Mercedes und BMW-Williams, platziert – Hut ab!

Dank eines starken Autos, das mit dem Vorjahresmotor von Ferrari auf fast allen Rennstrecken konkurrenzfähig war, einer guten Zuverlässigkeit und den bereits angesprochenen Überraschungsfahrern gelang dem Team Sauber in seiner neunten Formel-1-Saison ein weiterer Sprung nach vorne. Und Peter Sauber kündigt an, 2002 noch eine Schippe draufzulegen. Dann verfügt er über ein noch besseres Auto, wiederum mit Ferraris Weltmeistermotor aus dem Vorjahr. Außerdem baut er erneut auf starke Leistungen von Nick Heidfeld und seines neuen Mannes Felipe Massa, der den zu McLaren gewechselten Kimi Räikkönen ersetzt. Man darf also gespannt sein.

Fazit: Die Saison 2001 hatte alles, was die Faszination des Rennsports Formel 1 ausmacht. Massenhaft Highlights und Überraschungen, spannende Pistenduelle, aufstrebende Neulinge, einen überragenden Weltmeister, begeisterte Fans und wie immer einen extrem hohen Unterhaltungswert. Aber auch die tragische Seite des Sports kam einmal mehr zum Vorschein. So ließ auch in dieser Rennserie wieder ein Streckenposten sein Leben, nachdem er am 4. März beim Saisonauftakt in Melbourne von einem herumfliegenden Rad getroffen worden war. Die Untersuchung des tragischen Zwischenfalles hat mittlerweile ergeben, dass der 52-jährige Streckenposten Graham Beveridge mit seinem Tod aller Wahrscheinlichkeit nach andere Menschen gerettet hat. »Hätte Beveridge nicht an der verhängnisvollen Öffnung im Zaun gestanden, wären vermutlich mehrere Zuschauer verletzt oder gar getötet worden. So aber absorbierte sein Körper die Wucht des Rades«, heißt es im Untersuchungsbericht.

Neu sind die immer konkreter werdenden Planungen der Automobilhersteller, eine eigene Rennserie zu starten. Spätestens im Jahr 2008 wird man sehen, was sich daraus entwickelt.

Lässt man die abgelaufene Saison Revue passieren, scheint eines klar zu sein: Alle Voraussetzungen sind gegeben, dass 2002 die Karten neu gemischt werden. McLaren-Mercedes und BMW-Williams werden zum Großangriff auf den Regenten Michael Schumacher und die »rote Diva« blasen, und aus deutscher Sicht wird besonders gespannt verfolgt, inwieweit Ralf Schumacher im Duell der ganz Großen mitmischen kann.

Baut Ferrari seine Vormachtstellung weiter aus, wird der Abstand geringer oder ist gar die Zeit für einen Machtwechsel bereits gekommen? Das ist Formel 1. Niemand weiß, was kommt, und das ist gut so.

Also dann, auf ein Neues!

Siegestaumel: Michael wird von seinem Bruder mit Schampus »abgefüllt«.

Bewunderung und Missgunst: Zitate über die schnellsten Brüder in der Geschichte der Formel 1

Ayrton Senna über Michael (1992)

»Ich will nicht verheimlichen, dass es zwischen uns manchmal Missverständnisse gab. Jeder hat von dem anderen geglaubt, dass er im Unrecht sei oder etwas Dummes gemacht habe. Am Ende war es wahrscheinlich egal, wer Recht hatte oder nicht. Was zählt, ist der Respekt für den Gegner. Wenn der fehlt, gibt es große Probleme. Ich gehe aber davon aus, dass der Respekt zwischen mir und Michael existiert. Ansonsten gibt es keine große Beziehung zwischen uns. Er arbeitet für ein anderes Team, und wir haben nicht die Möglichkeit, neben der Rennstrecke Gemeinsamkeiten aufzubauen.

Er ist jung, talentiert und fährt für ein gutes Team. Wenn er das richtige Auto hat, ist er 1994 sicher ein Kandidat für den Weltmeistertitel. Er ist sehr schnell, ein ganz großes Talent, keine Frage.«

Jean Todt über Michael

»Michael ist ein großer Mensch, nicht nur ein toller Sportler, er ist auch mein Freund.«

Rubens Barrichello über Michael

»Was mich an ihm beeindruckt, ist vor allem seine immer konzentrierte, disziplinierte Arbeitsweise, sein Fleiß. Ich glaube, dass er in vielerlei Beziehung typisch deutsch ist: fleißig, diszipliniert, kontrolliert, eher verschlossen, ein Mensch, der nur ganz selten Gefühle zeigt.«

»Michael lässt immer sein Handy an, auch wenn wir mit den Ingenieuren in einer Besprechung sitzen. Und wenn es dann klingelt, meldet er sich immer nur kurz und sagt diesen Satz: Ich bin im Meeting! Das passiert so oft, dass ich es mir inzwischen gemerkt habe – das Einzige, was ich auf Deutsch kann …«

Ralf über Michael und sich selbst

»Da gibt es einen Unterschied: Er ist ruhiger, als ich es bin. Ich sage frei heraus, was ich denke.«

Eddie Irvine über Michael

»Er ist schnell, verdammt schnell. Auf der Strecke ist eine schnelle Kurve, die Arrabiata. Alesi, Berger, Larrini und ich sind mit der gleichen Geschwindigkeit

da durch, aber er war ungefähr 25 Stundenkilometer schneller. Ich habe keine Ahnung, wie er das macht.«
»Er ist Deutscher. Er hat eine lustige Kopfform.«
»Erst schreiben sie über Michael Schumacher, dann über Corinna, seine Hunde und seine Flugzeuge. Wenn sie das alles durchgekaut haben und immer noch Platz in der Zeitung ist, komme ich an die Reihe. Meistens fordern sie meine Entlassung.«
»Wenn ich einen guten Tag habe und Michael einen schlechten, dann könnte ich ihn schlagen. Leider hat der Kerl keine schlechten Tage.

Gerhard Berger über Michael
»Ich kann mich nicht mit Schumacher vergleichen, er fährt in einer anderen Liga.«
»Den Schumacher bringst du erst von Ferrari weg, wenn er die rote Farbe nicht mehr sehen kann.«

Heinz-Harald Frentzen über Michael
»Du bist doch derjenige, der immer allen Leuten predigt, sie sollten vorsichtig sein, wenn sie aus der Box herauskommen.«

Martin Brundle über Michael (2000)
»Schumachers Verhalten auf der Strecke passt oft nicht zu seinen Aussagen zum Thema Sicherheit. Aber als netter Junge wird man nicht dreimal Weltmeister ...«

Rennlegende Stirling Moss über Michael (1997)
»Schumacher ist ein Racer, Hill ist ein Fahrer.«

Willi Weber über Michael (damals)
»Der Junge ist so gut, der hat eine Chance verdient. Alles, was er macht, wirkt so leicht, so spielerisch, so souverän. Der muss etwas Besonderes sein.«

Willi Weber über die Zukunft (heute)
»In Zukunft ist mir eigentlich egal, wer den Titel gewinnt. Hauptsache er heißt Schumacher.«

Bernie Ecclestone über Michael
»Michael weiß, was zu tun ist. Er geht raus und tut es.«

Clay Regazzoni, ehemaliger Ferrari-Pilot, über Michael
»Ich bin beunruhigt, wenn ich daran denke, dass mir einer wie Schumacher auf einer normalen Straße begegnen könnte.«

Alain Prost über Michael
»Wir mussten alle erkennen: Michael hat so ein enormes fahrerisches Potenzial, dass er auch in einem unterlegenen Auto die Szene beherrschen kann.«

Michael über sich
»Ich habe ein ziemlich vollkommenes Leben: Ich bin glücklich in meiner Ehe, glücklich, was die ganze Familie angeht, die sportlichen Erfolge, meine finanzielle Situation – im Prinzip bin ich jeden Tag überglücklich.«
»Ich würde mich ja manchmal gern mehr öffnen, aber ich kann es nicht so richtig.«

Michael über Ralf
»Ralf ist wahnsinnig schnell, unheimlich ehrgeizig.«
»Mit seiner Undiplomatie und seinem sturen Kopf wird er das ein oder andere Mal anecken.«
»Wenn er noch relaxter ist als ich, dann schläft er ein.«

Marc Surer über Ralf
»Sehr schnell, hochtalentiert, hochmotiviert, ein bisschen rundlicher als der große Bruder, aber hell im Kopf, ein
bisschen vorlaut.«

Eddie Jordan über Ralf (1997)
»Ralf Schumacher und Giancarlo Fisichella sind derzeit ohne Zweifel die besten Nachwuchsfahrer in der Formel 1.«

Niki Lauda über Ralf
»Ralf gehört auf die Couch!«

»Boxenluder« Katie Price über Ralf
»Zu dem, was zwischen uns war, möchte ich nichts mehr sagen. Aber er ist noch immer meine Nummer 1. Ein richtig schnuckeliger, süßer Junge.«

Frankreichs Fußball-Nationalkeeper Fabien Barthez
»Ihr müsst alle krank sein, dass ihr solche Dinger fahrt.«

Platzierungen und Zeiten: Statistiken zur Formel 1

WM-Stand der Fahrer 2001

Platz	Fahrer	Punkte	Siege	Poles
1.	Michael Schumacher	123	9	11
2.	David Coulthard	65	2	2
3.	Rubens Barrichello	56	0	0
4.	Ralf Schumacher	49	3	1
5.	Mika Häkkinen	37	2	0
6.	Juan Pablo Montoya	31	1	3
7.	Jarno Trulli	12	0	0
8.	Nick Heidfeld	12	0	0
9.	Jacques Villeneuve	12	0	0
10.	Kimi Räikkonen	9	0	0
11.	Giancarlo Fisichella	8	0	0
12.	H.-H. Frentzen	6	0	0
13.	Eddie Irvine	6	0	0
14.	Jean Alesi	5	0	0
15.	Olivier Panis	5	0	0
16.	Pedro de la Rosa	3	0	0
17.	Jenson Button	2	0	0
18.	Jos Verstappen	1	0	0

WM-Stand der Konstrukteure 2001

Platz	Team	Punkte	Siege	Poles
1.	Ferrari	179	9	11
2.	McLaren-Mercedes	102	4	2
3.	BMW-Williams	80	4	3
4.	Sauber-Petronas	21	0	0
5.	Jordan-Honda	19	0	0
6.	BAR-Honda	17	0	0
7.	Benetton-Renault	10	0	0
8.	Jaguar-Ford	9	0	0
9.	Prost-Acer	4	0	0
10.	Arrows-Asiatech	1	0	0

WM-Stand der Reifenhersteller 2001

Bridgestone

Ferrari, McLaren, BAR, Jordan, Sauber, Arrows 340

Michelin

Williams, Benetton, Jaguar, Prost, Minardi 101

Die Grand-Prix-Sieger 2001

Lauf	Strecke	Sieger	Team
1	Australien	M. Schumacher	Ferrari
2	Malaysia	M. Schumacher	Ferrari
3	Brasilien	David Coulthard	McLaren
4	San Marino	R. Schumacher	Williams
5	Spanien	M. Schumacher	Ferrari
6	Österreich	David Coulthard	McLaren
7	Monaco	M. Schumacher	Ferrari

Lauf	Strecke	Sieger	Team
8	Kanada	R. Schumacher	Williams
9	Europa	M. Schumacher	Ferrari
10	Frankreich	M. Schumacher	Ferrari
11	England	Mika Häkkinen	McLaren
12	Deutschland	R. Schumacher	Williams
13	Ungarn	M. Schumacher	Ferrari
14	Belgien	M. Schumacher	Ferrari
15	Australien	J. P. Montoya	Williams
16	USA	Mika Häkkinen	McLaren
17	Japan	M. Schumacher	Ferrari

Qualifikationsduelle 2001

Team	Fahrer I	Fahrer II	Ergebnis
Ferrari	M. Schumacher	Barrichello	16:1
McLaren	Häkkinen	Coulthard	9:8
Williams	R. Schumacher	Montoya	11:6
Benetton	Fisichella	Button	13:4
BAR	Villeneuve	Panis	11:6
Jordan	Frentzen	Trulli	1:9
Jordan	Zonta	Trulli	0:2
Jordan	Alesi	Trulli	1:4
Arrows	Verstappen	Bernoldi	7:10
Sauber	Heidfeld	Räikkonen	10:7
Jaguar	Irvine	Burti	5:0
Jaguar	Irvine	de la Rosa	6:6
Minardi	Alonso	Marques	13:1
Minardi	Alonso	Yoong	3:0
Prost	Alesi	Mazzacane	4:0

Team	Fahrer I	Fahrer II	Ergebnis
Prost	Alesi	Burti	5:3
Prost	Frentzen	Burti	2:0
Prost	Frentzen	Enge	3:0

Durchschnittliche Quali-Positionen 2001

Fahrer	Team	Schnitt
Michael Schumacher	Ferrari	1,70
Ralf Schumacher	Williams	3,47
Mika Häkkinen	McLaren	4,35
Rubens Barrichello	Ferrari	4,47
David Coulthard	McLaren	4,82
Juan Pablo Montoya	Williams	5,47
Jarno Trulli	Jordan	6,76
Heinz-Harald Frentzen	Jordan	8,20
Nick Heidfeld	Sauber	9,70
Kimi Räikkonen	Sauber	10,41
Jacques Villeneuve	BAR	10,76
Olivier Panis	BAR	11,41
Jean Alesi	Jordan	12,20
Heinz-Harald Frentzen	Prost	12,40
Eddie Irvine	Jaguar	12,82
Ricardo Zonta	Jordan	13,50
Pedro de la Rosa	Jaguar	13,76
Jean Alesi	Prost	14,91
Giancarlo Fisichella	Benetton	15,17
Luciano Burti	Jaguar	16,25
Jenson Button	Benetton	16,94
Luciano Burti	Prost	17,20

Fahrer	Team	Schnitt
Jos Verstappen	Arrows	18,00
Enrique Bernoldi	Arrows	18,52
Fernando Alonso	Minardi	19,41
Gaston Mazzacane	Prost	20,00
Thomas Enge	Prost	20,00
Tarso Marques	Minardi	21,85
Alex Yoong	Minardi	22,00

Pole-Positions 2001

1.	Michael Schumacher	11
2.	Juan Pablo Montoya	3
3.	David Coulthard	2
4.	Ralf Schumacher	1

Schnellste Runden 2001

1.	Ralf Schumacher	4
	Juan Pablo Montoya	4
3.	David Coulthard	3
	Mika Häkkinen	3
	Michael Schumacher	3

Alle Siege des Michael Schumacher

Datum	Grand Prix	Rennstrecke	Training
30.08.1992	Belgien	Spa-Francor-champs	3. Platz
26.09.1993	Portugal	Estoril	6. Platz

Datum	Grand Prix	Rennstrecke	Training
27.03.1994	Brasilien	Interlagos	2. Platz
17.04.1994	Pazifik	Aida/Japan	2. Platz
01.05.1994	San Marino	Enzo und Dino Ferrari	2. Platz
15.05.1994	Monaco	Monte Carlo	1. Platz
12.06.1994	Kanada	Gilles Villeneuve	1. Platz
03.07.1994	Frankreich	Magny-Cours	3. Platz
14.08.1994	Ungarn	Hungaroring	1. Platz
16.10.1994	Europa	Jerez/Spanien	1. Platz
26.03.1995	Brasilien	Interlagos	2. Platz
14.05.1995	Spanien	Catalunya	1. Platz
28.05.1995	Monaco	Monte Carlo	2. Platz
02.07.1995	Frankreich	Magny-Cours	2. Platz
30.07.1995	Deutschland	Hockenheim	2. Platz
27.08.1995	Belgien	Spa-Francorchamps	16. Platz
01.10.1995	Europa	Nürburgring	3. Platz
22.10.1995	Pazifik	Aida/Japan	3. Platz
29.10.1995	Japan	Suzuka	1. Platz
02.06.1996	Spanien	Catalunya	3. Platz
25.08.1996	Belgien	Spa-Francorchamps	3. Platz
08.09.1996	Italien	Monza	3. Platz
11.05.1997	Monaco	Monte Carlo	3. Platz
15.06.1997	Kanada	Gilles Villeneuve	1. Platz
29.06.1997	Frankreich	Magny-Cours	1. Platz
24.08.1997	Belgien	Spa-Francorchamps	3. Platz
12.10.1997	Italien	Monza	2. Platz

Datum	Grand Prix	Rennstrecke	Training
12.04.1998	Argentinien	Buenos Aires	2. Platz
07.06.1998	Kanada	Gilles Villeneuve	3. Platz
28.06.1998	Frankreich	Magny-Cours	2. Platz
12.07.1998	England	Silverstone	2. Platz
16.08.1998	Ungarn	Hungaroring	3. Platz
13.09.1998	Italien	Monza	1. Platz
02.05.1999	San Marino	Enzo und Dino Ferrari	3. Platz
16.05.1999	Monaco	Monte Carlo	2. Platz
12.03.2000	Australien	Melbourne	3. Platz
26.03.2000	Brasilien	Interlagos	3. Platz
09.04.2000	San Marino	Enzo und Dino Ferrari	2. Platz
21.05.2000	Europa	Nürburgring	2. Platz
18.06.2000	Kanada	Gilles Villeneuve	1. Platz
10.09.2000	Italien	Monza	1. Platz
24.09.2000	USA	Indianapolis	1. Platz
08.10.2000	Japan	Suzuka	1. Platz
22.10.2000	Malaysia	Sepang	1. Platz
04.03.2001	Australien	Melbourne	1. Platz
18.03.2001	Malaysia	Sepang	1. Platz
29.04.2001	Spanien	Catalunya	1. Platz
27.05.2001	Monaco	Monte Carlo	1. Platz
24.06.2001	Europa	Nürburgring	1. Platz
01.07.2001	Frankreich	Magny-Cours	2. Platz
19.08.2001	Ungarn	Hungaroring	1. Platz